차례

- 여행의 시작: 현미경 속 '작지만 큰 세상'의 기록   8
- 현미경부터 관찰해 봅시다   12

1장   신비한 현미경 속 세상으로 출발!

초보 관찰 대상 4인방 · 16
- 양파의 표피세포 · 17 ● 파의 표피세포 · 20 ● 마늘의 표피세포 · 21 ● 사람 입안 상피세포 · 22

`아하! 그렇구나`   최초의 현미경과 세포의 발견 · 25

2장   봄이 오면 산에 들에 진달래 피네

① 꽃가루 관찰은 쉽고 재미있어 · 28
- 꽃가루를 관찰하는 방법 · 28 ● 꽃가루의 제왕, 송홧가루 · 30 ● 여러 가지 꽃가루 · 35

`아하! 그렇구나`   꽃의 초대 · 37

② 아름다운 꽃잎은 어떻게 생겼을까? · 38
- 꽃잎을 관찰하는 방법 · 38 ● 다양한 꽃잎의 세포 · 40

3장　파릇파릇, 식물은 무얼 먹고 살까?

❶ 식물의 심장부 '잎'을 관찰해 보자 ·· 44
　● 잎이 하는 일 · 44　● 잎이 얇은 채소는 관찰하기가 쉽지: 상추 · 45　● 각종 채소 잎의 표피세포 · 49
　● 두꺼운 잎도 관찰해 보자 : 비비추와 수선화 · 51　● 공변세포가 잘 보이는 담쟁이넝쿨 잎 · 55
　● 잎의 대표적인 표본, 쥐똥나무 잎 · 57　● 잎의 단면을 관찰하는 방법: 동백나무 · 58
　● 뾰족한 소나무 잎의 단면 · 62
　[아하! 그렇구나]　나뭇잎이 녹색인 이유 · 65

❷ 식물의 줄기는 어떻게 생겼을까? ·· 66
　● 줄기 단면 프레파라트 만들기 · 66　● 쌍떡잎식물의 줄기 단면 · 67　● 외떡잎식물의 줄기 단면 · 69
　● 나무의 단면과 나이테 · 71
　[아하! 그렇구나]　100미터까지 올라가는 물 · 75

4장　부엌에서 관찰 재료를 찾아 보자

❶ 맛있는 수박 속에도 세포가 있을까? ·· 78
　● 수박 속 세포 · 78　● 감자와 당근의 세포 · 81

❷ 식탁 위의 조류 ·· 84
　● 김 · 84　● 미역 · 87

❸ 곰팡이도 생물이야 ·· 89
　● 곰팡이 키우기 · 89　● 쇠뜨기 포자 · 93
　[아하! 그렇구나]　세균을 터트리는 물질 · 95

5장 동물도 현미경으로 관찰할 수 있을까?

❶ 동물의 세포도 봐야지 ··· 98
- 사람의 혈액 · 98 ● 사슴과 개구리의 혈액도 사람의 것과 같을까 · 102
- 소의 근육세포와 삼겹살의 지방세포 · 103

아하! 그렇구나 푸른색의 피 · 107

❷ 곤충에 숨겨진 비밀 ·· 108
- 호랑나비의 날개 · 108 ● 잠자리의 날개 · 112 ● 잠자리의 눈 · 114 ● 진딧물의 입 · 115

아하! 그렇구나 전자 현미경 · 117

❸ 물고기는 어떻게 생겼을까? ·· 118
- 꼬리지느러미 · 118 ● 물고기 비늘 · 120 ● 아가미 · 121

아하! 그렇구나 물고기의 튼튼한 갑옷 · 123

6장 할아버지 댁 농장에는 큰 연못이 있지

❶ 물속 생태계를 지탱하는 조류 ·· 126
- 조류를 채집하는 방법 · 126 ● 녹조류(클로렐라 / 해캄 / 볼복스 / 반달말과 장구말 / 실이끼) · 129 ● 규조류 · 137

아하! 그렇구나 규조토 · 141

❷ 활발하게 움직이는 미생물 ·· 142
- 단세포 작은 생물: 편모충류와 섬모충류 · 142 ● 다세포 작은 생물: 윤충류, 물벼룩류, 요각류 · 146

아하! 그렇구나 생물처럼 활동하는 물질 · 151

7장 현미경으로 뭐든지 볼 수 있어

① 결정의 세계는 아름다워 ··· 154
  ● 소금과 백반의 결정 · 154   ● 설탕과 조미료의 결정 · 157

② 이런 것들도 볼 수 있어 ··· 159
  ● 다양한 섬유 · 159   ● 종이 · 162   ● 레코드와 콤팩트디스크 · 165   ● 코르크 · 167

  `아하! 그렇구나` 섬유 기술이 가져다 준 변화 · 169

● 부록

   ● 어른이 된 규환이가 어린이 친구들에게   170
   ● 현미경 관찰 가이드   174
   ● 아들과의 약속   182

   · 알아둘 것 · 186

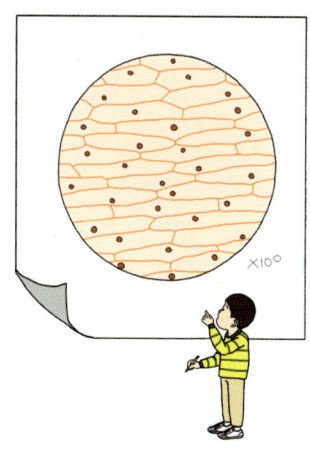

여행의 시작: 현미경 속 '작지만 큰 세상'의 기록

친구들아 안녕. 나는 호수초등학교 6학년에 재학 중인 김규환이라고 해. 나는 아버지를 따라 다섯 살 때 일본에 건너가서 초등학교 3학년까지 마쳤고, 지금은 한국에서 살아. 나의 꿈은 생물학자가 되는 거야. 곡식이 많이 열리는 슈퍼 씨앗을 개발해서 가난한 나라에 도움을 주고 싶어. 그래서 어렸을 때부터 식물에 관심이 많았지.

내가 초등학교 2학년 때, 아버지께서 현미경을 사 주셨는데 얼마나 기뻤는지 몰라. 처음에는 조작법도 모르고 아무런 지식도 없었지. 그래서 아버지의 도움을 받아서 현미경 관찰을 시작했어. 처음 관찰해 본 게 양파였는데, 눈으로 볼 땐 평범한 양파가 현미경으로 보니까 세포라는 방으로 나뉘어 있더라고. 얼마나 신기했는지 몰라. 아직도 기억이 생생해. 그 후로 현미경의 매력에 푹 빠지게 되었지. 처음에는 아버지께서 도와주셔야 볼 수 있었는데, 이제는 나 혼자서도 뭐든지 관찰할 수 있어.

현미경을 보면서 그때그때 알게 된 것을 관찰 일지에 정리했는데, 처음에는 얼마 되지 않던 것이 지금은 200장도 넘어. 대단하지? 이렇게 기록을 해 두니까 오랫동안 기억할 수 있고, 체계적으로 정리도 되고, 앞으로의 관찰 계획도 잘 세울 수 있고, 여러 모로 좋더라고.

처음 관찰 일지를 쓸 때는 왜 그렇게 그림 그리는 것이 힘들었는지 몰라. 아무리 잘 그리려고 해도 아버지께서 시범으로 보여 주신 그림과 비교해 보면 형편없었지. 그런데 지금은 나도 아버지만큼 그릴 수 있게 됐어.

지난 5년 동안 현미경 관찰을 해 오면서 정말 많은 것을 알게 되고 느꼈어. 그리고 관찰할 때마다 '생물이란 참 신비로운 거구나.' 하는 느낌을 받았지. 나의 이런 경험들을 이제부터 하나씩 소개하려고 해. 이 책이 친구들이 생물에 관심을 가지는 데, 또 현미경을 관찰하는 데 도움이 되고 보탬이 되었으면 좋겠어.

그럼 친구들, 나와 함께 현미경 속으로의 여행을 시작해 볼까? 아 참, 현미경 관찰을 처음 관찰해 보는 친구는 174쪽의 〈현미경 관찰 가이드〉를 먼저 읽어 보는 것이 좋을 것 같아.

자, 그럼 출발!

• 규환이의 현미경 관찰 모습

초등학교 2학년

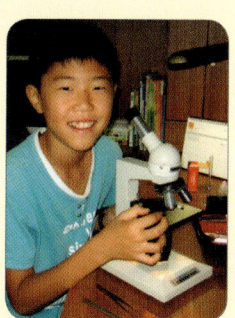
초등학교 5학년

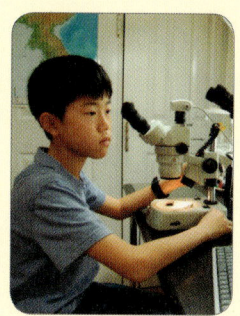
중학교 2학년

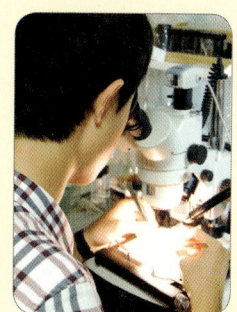
고등학교 1학년

• 규환이가 작성한 관찰 일지

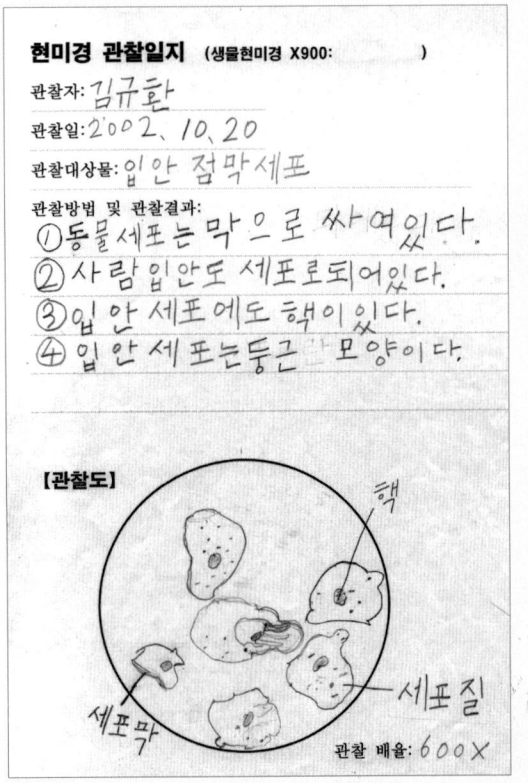

2학년   3학년

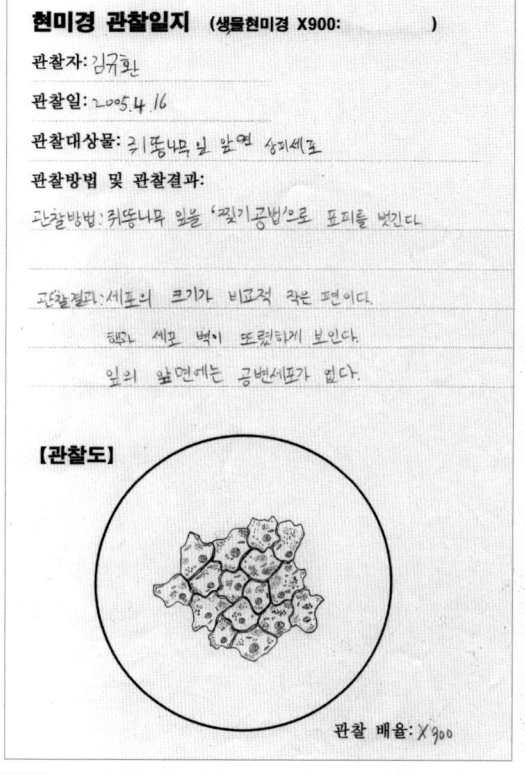

5학년

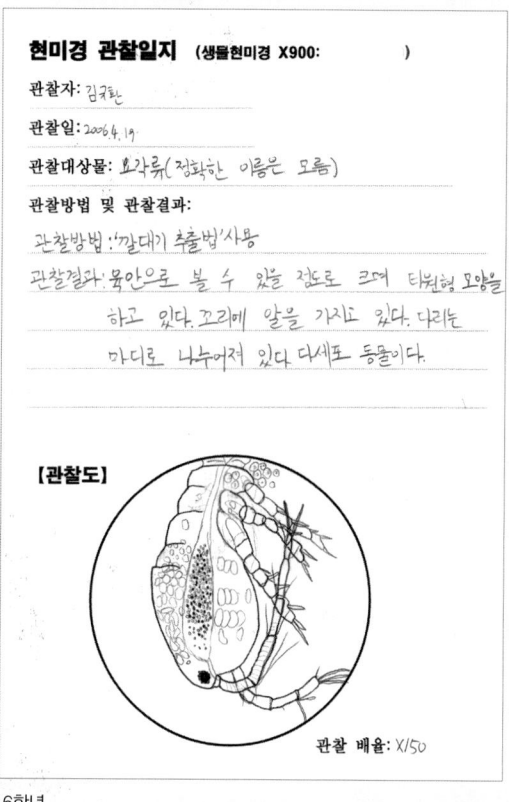

6학년

현미경부터 관찰해 봅시다

현미경의 구조

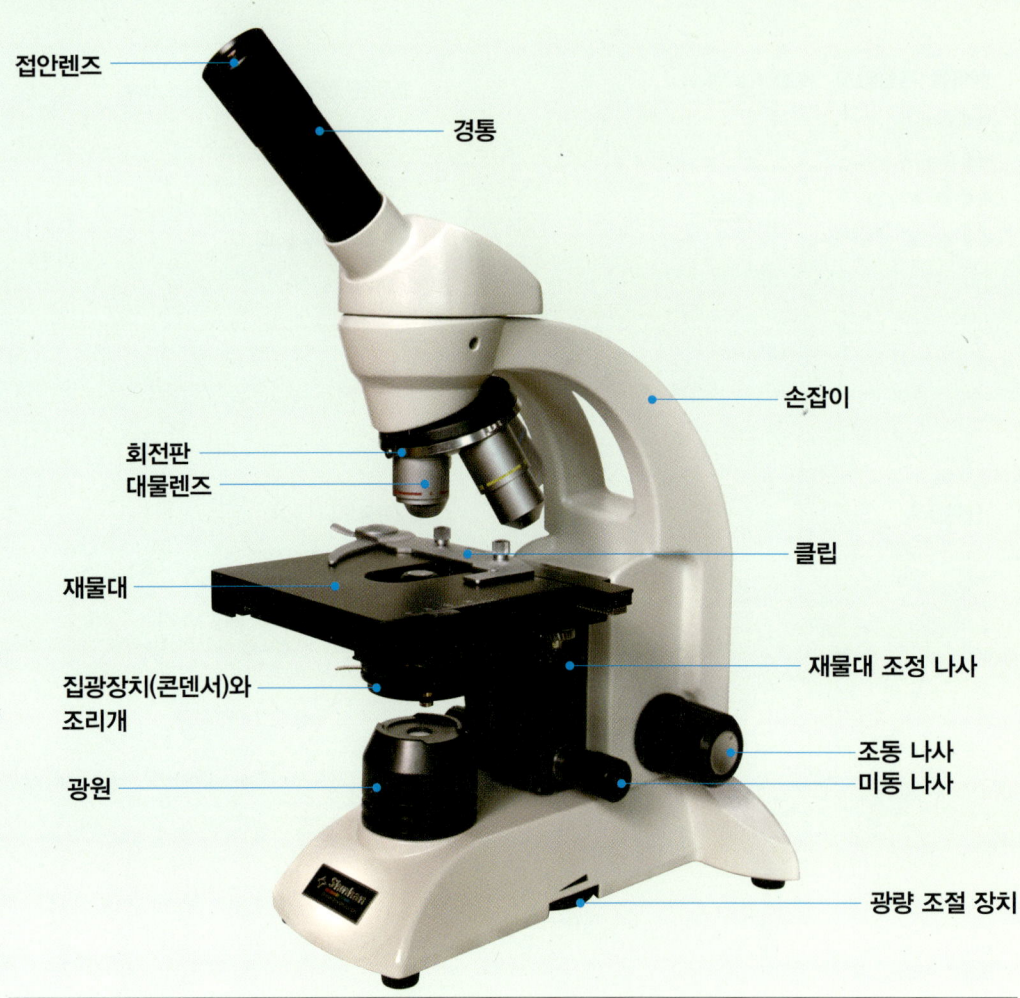

광원과 집광장치

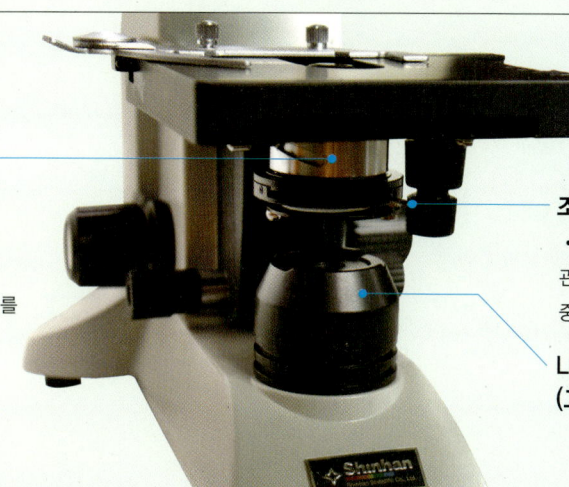

콘덴서
- 콘덴서는 광원의 빛을 관찰시료의 한 점으로 모아주는(수렴) 렌즈이다. 위아래로 움직여 수렴의 위치를 조절한다. 부록편의 설명을 참고.

조리개
- 조리개 조절 레버를 적절히 조절하여 관찰 대상에 맞는 명암대비를 찾는 것이 중요하다.

LED 광원 (고정되어 있음)

접안렌즈: 눈을 대고 보는 렌즈
대물렌즈: 관찰 대상물을 향하는 렌즈. 저배율 렌즈는 짧고, 고배율 렌즈는 길다.
회전판: 대물렌즈의 배율을 바꿀 때 회전시킨다.
재물대: 프레파라트(관찰 대상물)를 올려놓는 곳
재물대 조정 나사: 재물대 위에서 프레파라트를 수평?수직으로 이동시키는 장치
클립: 재물대 위에서 프레파라트를 미세하고 정밀하게 이동시키는 장치
조동나사: 재물대를 크게 움직여 초점을 조절한다.
미동나사: 재물대를 미세하게 움직여 초점을 세밀하게 맞춘다.
조리개: 빛이 투과되는 구멍의 크기를 조절하여, 빛의 투과량과 상의 명암 대비를 조절한다. 조리개를 조일수록 명암 대비가 높아진다
콘덴서: 렌즈를 통해 빛이 대물렌즈에 모이도록 하는 장치

※ 광원으로 할로겐램프 등 필라멘트 전구를 사용하는 경우도 있지만, 최근에는 저전력에 발열이 적은 LED광원을 사용한다.
※ 어떤 경우에도 광원과 집광장치, 대물렌즈는 동일한 직선축에 정밀하게 정렬되어 있어야 한다. 광원이나 집광장치가 좌우로 흔들리거나 움직여서는 안 되며, 대물렌즈도 고정되어 있어야 한다.
※ 집광장치와 조리개의 자세한 사용법은 부록편을 참고한다.

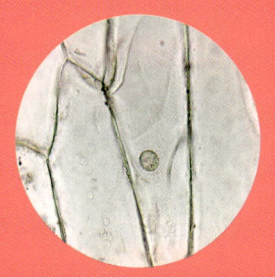

자, 이제 내 소개도
마치고 인사도 했으니
슬슬 현미경 관찰을 시작해 볼까?
그런데 무엇을 먼저
관찰하지?

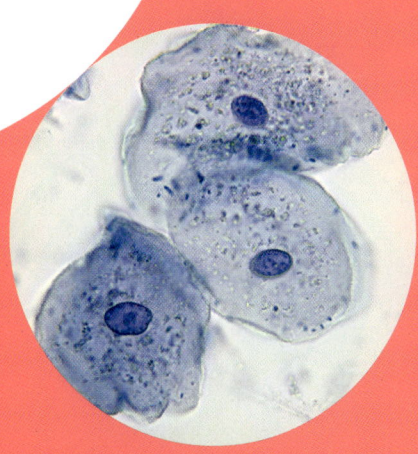

초보 관찰 대상 4인방

현미경을 보기 위해선 관찰 대상물을 아주 얇게 만들어야 해. 빛이 대상물을 투과할 정도로 말이지. 현미경 관찰을 할 수 있도록 만든 표본을 '프레파라트'라고 해. 좋은 프레파라트 만들기가 보통 까다로운 게 아냐. 그렇다고 모두 어려운 것은 아니야. 개중에는 아주 쉽게 얇은 관찰 대상물을 얻을 수 있는 것도 있어. 우리 주변에서 쉽게 구할 수 있는 것들이지. 그게 뭐냐 하면, 바로 양파·파·마늘의 상피세포와 입안 상피세포야. 나도 현미경을 처음 볼 때 이것들부터 시작했지. 그래서 아버지와 나는 이것들을 '초보 관찰 대상 4인방'이라고 부르기로 했어. 자, 이제 본격적으로 4인방을 하나씩 격파해 볼까?

양파의 표피세포

우선 부엌에서 신선한 양파 한 조각을 가져와. 양파를 뜯어보면 쉽게 조각이 나. 그걸 '비늘줄기'라고 하는데, 그 안쪽의 껍질을 관찰할 거야. 바깥쪽 껍질보다도 안쪽 껍질이 더 쉽게 벗겨져. 얼마나 쉽게 벗겨지냐 하면, 손가락으로 쓱 밀어도 얇은 막이 미끄러져 나올 정도지. 아주 쉽게 얇은 재료를 얻을 수 있어.

● 비늘줄기
식물의 땅속줄기 둘레에 양분을 저장한 두꺼운 잎이 겹겹이 붙어 둥근 공 모양을 이룬 것. 양파, 수선화, 나리 등에서 볼 수 있다.

그런데 프레파라트를 만들기 위해선 아주 작은 조각이 필요해. 우선 양파 조각 안쪽에 칼로 가로와 세로 각각 약 5밀리미터 간격의 격자무늬로 칼집을 내도록 해. 그 다음, 그중 한 조각을 핀셋으로 조심스럽게 껍질을 살짝 벗겨 내면 아주 쉽게 얇은 막이 떨어져 나와. 이때 핀셋은 끝이 바늘처럼 날카로운 것을 이용해야 돼. 이 얇은 막을 슬라이드 글라스 위에 올려놓고 물을 한 방울 떨어뜨린 후, 커버 글라스를 살짝 덮어 주면 프레파라트가 완성되는 거야.

여기서 주의할 점은 커버 글라스를 덮을 때, 최대한 공기 방울이 안 생기도록 주의해야 한다는 거야. 커버 글라스를 위에서 팍 내려놓으면 공기 방울이 생기기 쉬우니까 한쪽 끝부터 살짝 덮어 주어야 공기 방울이 덜 생긴단다.

① 양파 조각에 칼집을 낸다.
② 핀셋으로 안쪽의 얇은 막을 벗겨 낸다.
③ 얇은 막을 슬라이드 글라스 위에 놓고 물을 한 방울 떨어뜨린다.
④ 기포가 생기지 않도록 한쪽 끝부터 커버 글라스를 덮어 준다.
⑤ 커버 글라스 한쪽 끝에 염색 용액을 떨어뜨린다.
⑥ 반대쪽 끝에 거름종이를 갖다 대 염색 용액이 커버 글라스 속으로 빨려 들어가도록 한다.

양파 표피세포 프레파라트 만드는 법

프레파라트가 완성되었으니 그대로 현미경을 봐도 되는데, 그냥 보면 핵과 세포질의 색이 비슷해서 잘 구분이 안 돼. 이럴 때 핵을 염색하면 세포 속 핵을 잘 볼 수 있어. 핵을 염색할 때는 주로 '아세트산카민'●이라는 용액을 사용해. 아세트산카민 용액을 커버 글라스 한쪽 끝에 떨어뜨리고, 반대쪽 끝에 거름종이를 갖다 대면 거름종이가 액체를 흡수하기 때문에 아세트산카민 용액이 커버 글라스 안으로 빨려 들어가지. 이렇게 관찰하면 세포 속의 핵만 붉은색으로 염색되어 핵을 관찰하기 쉬워진단다.

● **아세트산카민**
아세트산은 '초산'이라고도 부르며 식초의 주성분이다. 이 초산에 '카민'이라는 붉은색 색소를 녹인 것이 아세트산카민인데, 세포의 핵을 고정시키고 염색하는 데 사용된다.

이렇게 해서 염색이 잘 안 됐을 때는 충분히 염색될 때까지 약 5분 정도 기다렸다가 관찰하고, 그래도 충분히 염색이 안 됐을 때는 아세트산카민 용액을 조금 묽게 해서 직접 관찰 재료 위에 떨어뜨린 후, 커버 글라스를 덮고 관찰해 보는 것도 좋아. 나는 직접 떨어뜨려 염색하는 방법을 주로 사용했어. 단, 너무 진한 염색액을 떨어뜨리면 전체적으로 색이 진해져서 오히려 잘 안 보이니까 물을 조금 타서 적당히 묽게 만드는 것이 중요하지.

▶ **규환이의 관찰 팁**
이 책에서 흑백으로 실린 사진은 내가 직접 그린 관찰 그림이야. 손으로 관찰 그림을 그리면 주의 깊게 관찰하는 능력을 기를 수 있어.

현미경은 저배율에서 고배율로 관찰하면 돼. 저배율로 볼 때 상을 찾기가 쉽기 때문이야. 다음은 내가 관찰해서 그린 그림▶과 사진이야. 어때? 신기하지 않니? 처음에 세포들을 눈으로 직접 봤을 때, 얼마나 흥분했는지 몰라. 사람을 비롯해 모든 생물은 세포로 구성되어 있지. 세포 속에 점으로 보이는 것이 바로 핵이야. 이 핵 속에는 DNA가 들어 있어. DNA에는 생명체의 유전

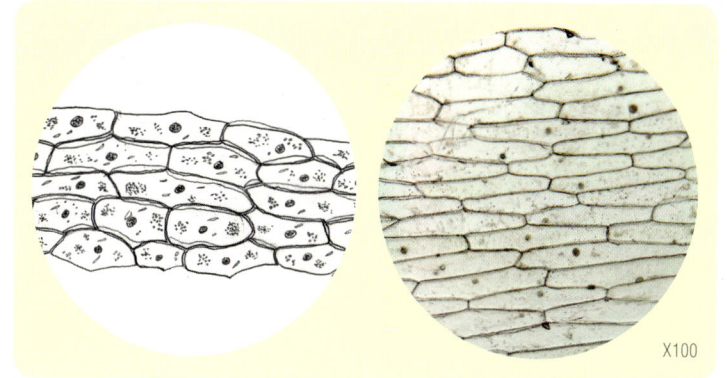

저배율로 관찰한 양파의 표피세포

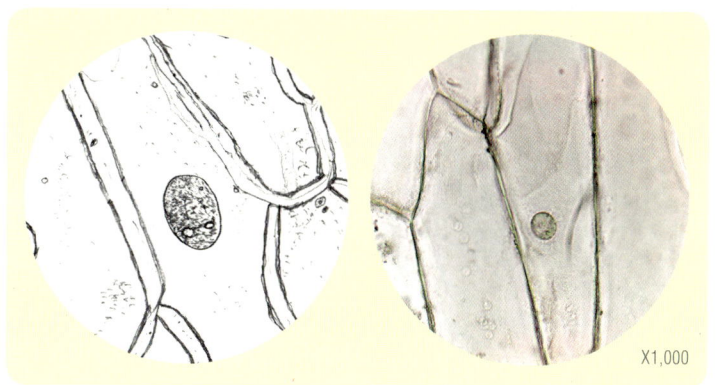

고배율로 관찰한 양파의 표피세포

정보가 기록되어 있다고 해. 고배율로 관찰한 사진에서는 저배율로 관찰했을 때보다 세포가 훨씬 크게 보이고, 식물세포만 가지고 있는 세포벽도 자세히 보여. 정말 놀랍지?

파의 표피세포

파도 양파만큼이나 껍질이 쉽게 벗겨지지. 여러 겹으로 되어 있는 파 줄기를 양파의 표피세포를 관찰할 때와 같은 방법으로 관찰하면 돼. 파 줄기의 안쪽 면에 칼로 가로세로 각각 약 5밀리미터의 격자무늬로 칼집을 내고, 핀셋으로 살짝 벗겨 내서 슬라이드 글라스 위에 놓은 뒤, 물로 봉하고 커버 글라스로 덮는 거야. 어때? 양파 표피세포를 볼 때 해봐서 이제 쉽지? 파도 양파와 마찬가지로 아세트산카민으로 염색을 하면 핵을 잘 관찰할 수 있어.

자, 내가 관찰해서 그린 그림과 사진이야. 그런데 양파 표피세포하고 정말 비슷한 거 있지. 양파나 파나 모두 파 종류니까 모양이 비슷할 것이라고 예상했는데, 역시나 그랬어. 양파 표피세포처럼 파 표피세포에서도 세포벽과 핵이 뚜렷하게 보이지.

파의 표피세포

마늘의 표피세포

다음은 마늘의 표피세포야. 마늘도 여러 겹의 껍질로 싸여 있지. 겉껍질을 다 벗기고 나면 우리가 평소에 먹는 모양의 매끈하고 하얀 마늘쪽을 볼 수 있어. 이 하얀 마늘쪽은 아주 얇고 투명한 껍질로 또 한 겹 둘러싸여 있는데, 이번엔 이 껍질의 세포를 관찰하는 거야. 양파와 마찬가지로 면도칼로 가로세로 각각 약 5밀리미터 정도로 칼집을 내고 그중 한 조각을 끝이 예리한 핀셋으로 아주 조심스럽게 살짝 벗겨 내서 프레파라트를 만들면 돼. 아세트산카민으로 염색을 하면 핵을 잘 볼 수 있다는 것, 알지?

다음 그림과 사진은 내가 관찰해 그리고 찍은 거야. 양파와 파의

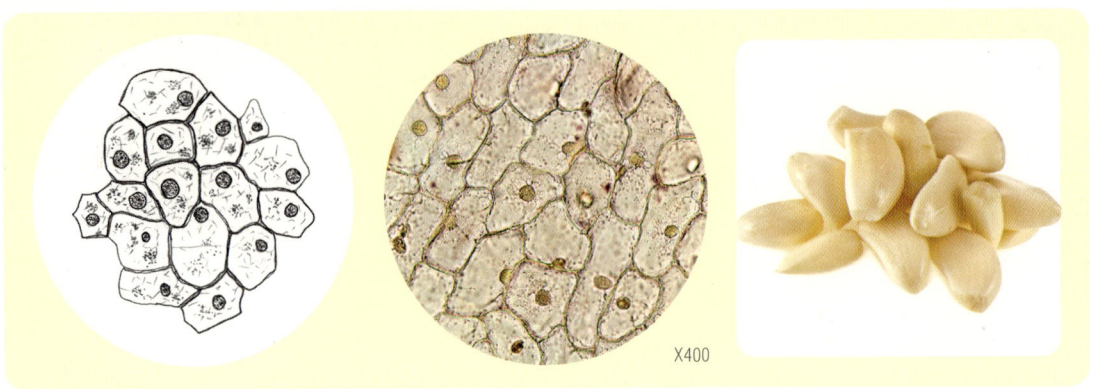

마늘의 표피세포

표피세포는 벽돌을 쌓아 놓은 듯 길쭉한 세포가 가지런히 놓여 있었는데, 마늘의 표피세포는 둥글둥글한 모양으로 세포가 벌집처럼 모여 있어. 식물도감에서 찾아보니, 양파와 파, 마늘 모두 백합과에 속하는 사촌들이더라고. 같은 사촌들인데 양파와 파는 비슷하고 마늘은 다르고, 정말 신기하고 재미있지 않니?

사람 입안 상피세포

이번엔 동물세포 중에서 아주 관찰하기 쉬운 것을 볼 거야. 초보 관찰 대상 4인방의 마지막, 바로 사람 입안의 상피세포지. 상피세포란 생물체의 겉을 둘러싸고 있는 얇은 표면을 이루는 세포를 말해. 사람 입안은 미끈미끈한 상피세포로 둘러싸여 있어. 이 세포를 뜯어내려면 아프지 않느냐고? 걱정하지 않아도 돼. 입안 상피세포는 살짝만 긁어도 아프지 않고 잘 떨어져 나오니까.

자, 우선 성냥개비 같이 끝이 날카롭지 않은 막대로 입 안쪽 볼을 살살 긁어 봐. 그러고 나서 성냥개비를 슬라이드 글라스 위에 톡톡 찍으면 뭔가 투명한 것이 유리에 묻어날 거야. 여기에 물을 한 방울 떨어뜨리고 커버 글라스를 덮은 다음, 저배율부터 고배율로 바꿔가며 관찰하면 되는 거야.

여기서도 핵을 똑똑히 보기 위해서는 염색을 하면 좋아. 이때 쓰는 염색액은 아세트산카민으로 해도 되지만, 동물세포는 메틸렌블루● 용액을 쓰면 염색이 더 잘 된단다. 메틸렌블루 용액은 물에서 미생물을 죽이는 소독 작용을 하기 때문에 수족관에서 물고기의 기생충 약으로 쓰기도 해. 우리 집 어항 속 열대어가 백점병● 에 걸렸을 때 아버지께서 쓰시는 걸 봤어. 작은 병에 들었는데 별로 비싸지 않았어. 그러니 친구들, 순수한 메틸렌블루 용액을 구하기 어려우면 동네 수족관에서 백점병 약을 작은 걸로 사서 써도 괜찮아. 그런데 백점병 약 중에는 메틸렌블루가 아닌 것도 있으니까 꼭 메틸렌블루인지 수족관 아저씨께 여쭤 보고 사야 해. 그리고 농도가 너무 진하면 물을 조금 타서 써야 해.

● **메틸렌블루**
파란색의 염기성 염료. 결정체로 물에 잘 녹고, 세포를 염색시키며, 살균력이 있다.

● **백점병**
물고기 피부에 기생충이 달라붙는 병. 기생충이 하얀 점처럼 보여 '백점병'이라고 한다.

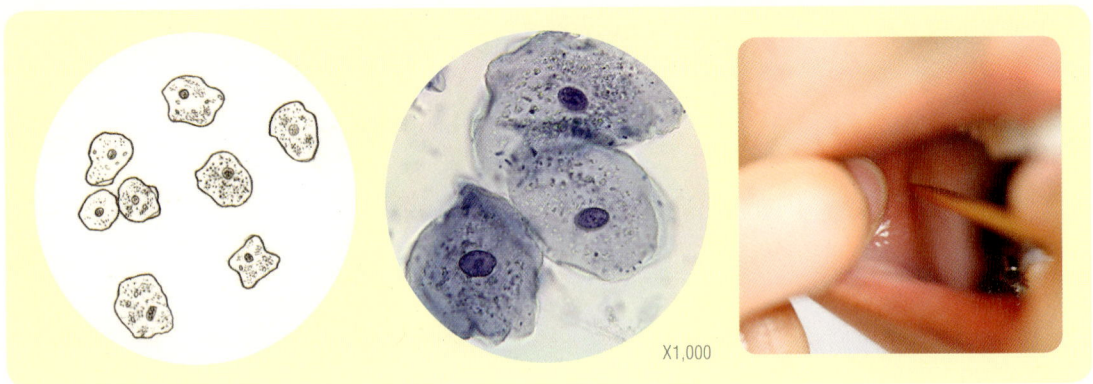

사람 입안의 상피세포

이것이 바로 입안의 상피세포를 관찰한 그림과 사진이야. 이번엔 핵이 파랗게 염색되었지? 동물세포에는 식물세포와는 달리 세포벽이 없고 세포막만 있는 것이 큰 특징이지. 동물은 세포에 세포벽이 없어서 부드럽게 움직일 수 있고, 식물은 세포벽 덕분에 뼈가 없어도 꼿꼿하게 서 있을 수 있는 거래. 핵과 세포질 안에도 뭔가 여러 가지가 가득 차 있는 것이 보이는데, 이런 것들은 해상도가 높은 고배율 현미경이나 전자 현미경으로 봐야 제대로 볼 수 있다고 해.

● 해상도
현미경의 렌즈가 상의 미세한 부분을 식별할 수 있는 정도. 해상도가 높아야 세밀한 것까지 뚜렷하게 볼 수 있다.

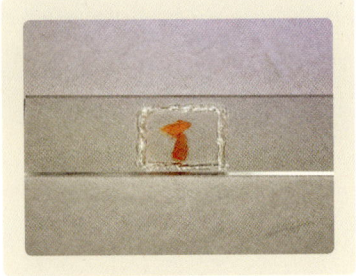

매니큐어로 봉한 프레파라트

이렇게 해서 초보 관찰 대상 4인방의 관찰을 다 마쳤어. 세포를 보니까 너무 근사하지? 그런데 프레파라트를 만들어서 조금 오래 관찰을 하다 보면 슬라이드 글라스와 커버 글라스 사이의 물이 말라서 기포가 생기고 잘 안 보이게 되는 경우가 종종 발생하더라고. 이건 광원▶에서 열이 나기 때문에 수분이 금방 증발해서 그래. 그래서 오래오래 관찰하고 싶을 때는 사진처럼 커버 글라스 주변을 매니큐어로 발라 수분의 증발을 막으면 돼. 메틸렌블루로 살균한 다음 이렇게 해 놓으니까 며칠이 지나도 안 썩고 그대로 있더라고. 자, 이제 현미경 관찰에 흥미도 생기고 자신감도 생겼지? 그럼, 이제 더 많은 것에 도전해 볼까?

▶**규환이의 관찰 팁**
할로겐램프는 열이 많이 발생하지만, LED램프는 열이 거의 발생하지 않아. 광원에서 열이 발생하지 않더라도 프레파라트를 오래 관찰하면 수분이 증발하니. 프레파라트를 오래 보관하려면 매니큐어로 봉하는 것이 좋아.

아하! 그렇구나

최초의 현미경과 세포의 발견

인류 역사상 최초의 현미경은 1590년 네덜란드의 자하리아스 얀센이라는 사람이 만들었다고 알려져 있습니다. 이 현미경의 배율은 10배도 되지 않았습니다. 성능 좋은 돋보기라고 생각하면 됩니다. 그래도 당시에는 대단한 물건이었습니다.

1665년에 이르러서는 영국의 과학자 로버트 훅이 100배까지 확대할 수 있는 현미경을 만들었습니다. 이것으로 얇은 코르크 조각을 관찰하다가 작은 방이 많이 모여 있는 구조를 발견하고 이것을 '세포(cell)'라고 불렀습니다. 이렇게 해서 우리는 세포가 존재한다는 것을 처음 알게 된 것입니다. 비록 코르크 세포는 식물세포가 죽은 후에 남긴 세포벽이었지만 말이죠. 오늘날의 생물현미경은 로버트 훅이 만든 현미경을 닮았습니다.

1676년에는 네덜란드의 안톤 판 레이우엔훅이 270배까지 확대되는 현미경으로 세균을 발견했습니다. 맨눈으로는 볼 수 없는 작은 세계를 보게 된 거죠. 이후 1800년대에는 광학 기술이 크게 발달해서 고성능의 현미경이 많이 만들어졌습니다.

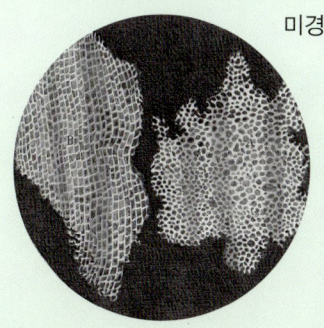

로버트 훅이 그린 코르크 세포

로버트 훅이 사용한 현미경

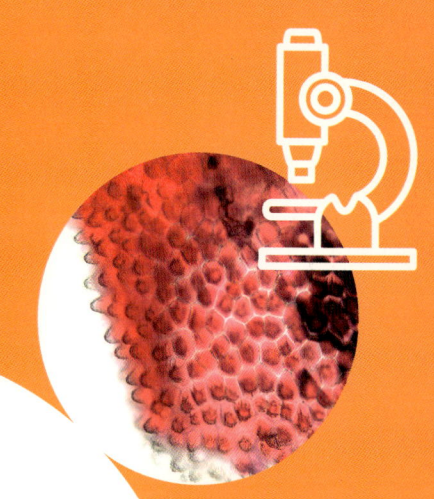

봄이 되면 여기저기서
아름다운 꽃이 만발하지.
꽃을 현미경으로 들여다보면
어떤 모습일까?

1
꽃가루 관찰은 쉽고 재미있어

꽃을 보면 수술하고 암술이 있고, 또 수술에는 꽃가루가 묻어 있지. 갑자기 꽃가루 이야기는 왜 꺼내냐고? 이번에는 꽃가루를 관찰해 보려고. 꽃가루는 우리 주변에서 구하기 쉬울 뿐 아니라, 관찰 방법도 아주 쉬워서 처음 현미경 관찰을 시작할 때 관찰 대상으로 추천할 만해.

● **종자식물**
꽃을 피우고 열매를 맺으며, 씨앗을 만들어 번식하는 식물.

● **수분**
수술의 꽃가루가 암술머리에 붙는 것을 말한다.

● **수정**
암수의 생식세포가 새로운 개체를 만들기 위해 하나로 합쳐지는 것. 종자식물에서는 수분이 일어난 뒤 수정이 이루어진다.

꽃가루를 관찰하는 방법

꽃가루를 관찰하기 전에 꽃가루가 무엇인지 알아보자. 꽃가루는 종자식물●에서 만들어지는 생식세포야. 꽃가루는 곤충, 동물, 바람 등을 매개로 암술에 운반돼서 수분●과 수정●이 이루어져. 꽃가루는 크게 세포질, 내벽, 외벽으로 나눌 수 있어. 세포질에는 수정을 할 수 있는 핵이 들어 있어. 내벽은 세포질을 둘러싸고 있고 그 바깥에는 외벽이 있지. 외벽은 잘 파괴되지 않아서 오랫동안 그 모양이 변하지 않는다고 해.

이제 꽃가루를 관찰하는 방법을 알아보자. 우선 관찰하려고 하는 꽃을 몇 송이 따서 준비하고, 꽃의 수술을 슬라이드 글라스에 대고 서너 번 툭툭 쳐. 그러면 꽃가루가 슬라이드 글라스 위에 떨어질 거야. 송홧가루나 잣나무의 꽃가루는 많은 양이 쏟아져 나오기 때문에 다른 용기에 담은 다음 귀이개 같은 것으로 조금만 떠서 슬라이드 글라스에 올려 놔. 꽃가루가 슬라이드 글라스에 묻었는지 잘 안 보일 땐 슬라이드 글라스 밑에 검은 도화지를 대보면 꽃가루가 떨어졌는지 안 떨어졌는지 쉽게 구분할 수 있어. 이 꽃가루 위에 물을 한 방울 떨어뜨리고 커버 글라스를 덮으면 꽃가루 프레파라트 완성!▶ 너무 쉽지? 그리고 설탕물로 봉하면 가끔은 꽃가루에서 꽃가루관●이 뻗어 나오는 모습을 관찰할 수도 있어. 특히 봉숭아 꽃가루에서 꽃가루관이 잘 나오는데 기회가 되면 한번 관찰해 봐.

또 야외에서는 간단하게 투명 테이프를 이용하는 방법도 있어. 꽃의 수술에 투명 테이프의 접착면을 살짝 갖다 대면 테이프에 꽃가

▶규환이의 관찰 팁
꽃가루에 물을 떨어뜨리면 삼투압 때문에 꽃가루가 물을 먹어 구형으로 부풀어 올라 원래의 모양을 잃는 경우가 있어. 이럴 때는 물 대신 기름(식용유 등)을 사용하면 원래의 꽃가루 형태를 관찰할 수 있어.
●꽃가루관
꽃가루가 암술머리에 닿았을 때, 꽃가루의 핵이 암술의 밑씨까지 이동할 수 있도록 꽃가루로부터 뻗어 나오는 통로.

루가 묻어나와. 꽃가루가 묻은 투명 테이프를 슬라이드 글라스에 그대로 붙이고 관찰하기만 하면 돼. 하지만 가장 좋은 방법은 물로 제대로 프레파라트를 만드는 거야. 이제 관찰 방법도 익혔으니 꽃가루의 모양과 특징을 알아보자.

꽃가루의 제왕, 송홧가루

송홧가루는 소나무의 꽃가루를 말해. 송홧가루가 어떻게 암술에 붙는지 아는 친구? 맞아, 바로 바람을 이용해서 수분을 해. 모두 알고 있지? 이렇게 바람에 날리는 꽃가루는 멀리 있는 나무하고도 수분을 할 수 있어. 그런데 바람을 타고 흩어지니까 꽃가루의 양도 엄청 많아야 돼. 참 신비로운 꽃가루야. 그런 만큼 송홧가루는 모양도 특이한 구조로 생겼어. 내가 여러 가지 꽃가루를 관찰해 봤는데 송홧가루가 가장 재미있고 신기했어. 그래서 제목을 '꽃가루의 제왕'이라고 붙여 봤어.

내가 송홧가루를 처음 발견하게 된 건 아마 4학년 봄이었던 것 같아. 문산에 있는 할아버지 농장에 놀러 갔는데, 집에 돌아갈 때쯤 되어서 아버지 차에 가 보니까 차가 온통 노란 가루로 덮여 있는 거야. 깜짝 놀라서 아버지께 여쭤 보니까 송홧가루라고 하셨어. 나는 그 광경이 너무 신기해서 입으로 불어 보기도 하고 손으로 문질러 보기도 하다가, 문득 어떻게 생겼는지 현미경으로 보고 싶어졌지 뭐야. 그래서 손으로 차 유리창을 훔쳐서 종이봉투에 담고 있었는데, 할머니께서 소나무에 가면 소나무 꽃 천진데 뭐 하러 그러냐고 하시면서 소나무 꽃을 따 주셨어. 나는 그때 소나무 꽃을 처음 자세히 보게 되었는데 꽃이 예쁘진 않았지만 흔들 때마다 노란 송홧가루가 펄펄 날리는 것이 참으로 신기했어.

소나무는 암꽃과 수꽃이 따로 있어. 송홧가루는 수꽃에서 날리는 거야. 소나무 암꽃은 자주색이고 새로 난 가지 끝에 2~3개 생겨. 수꽃은 새 가지 아래쪽에 20~30개 정도 생기는데 수꽃에서 꽃가루가 날려서 다른 소나무의 암꽃에 내려앉아 수분을 하는 거래. 또 소나무 꽃에는 꽃잎이 없어. 보통 화려한 꽃들은 곤충이나 동물을 끌어들여 수분을 하지만 소나무 꽃은 바람의 도움을 받아서 수분하기 때문에 꽃잎이 없어도 괜찮아.

소나무의 수꽃(왼쪽)과 암꽃(오른쪽)

이렇게 해서 소나무 수꽃을 몇 송이 따서 집으로 가져왔어. 검은색 도화지 위에 터니까 송홧가루가 수북하게 떨어졌어. 그걸 일단 작은 약병에 담아 놓고, 귀이개로 조금 덜어서 슬라이드 글라스 위에 놓고 물로 봉한 다음 커버 글라스를 덮어서 프레파라트를 완성했지. 정말 기대되는 순간이었어.

그런데 관찰을 해보니까 형태가 보이긴 하는데 까맣게 밖에 안 보이더라고. 송홧가루의 크기가 비교적 커서 그런지 빛이 투과하지 못하는 것 같았어. 그래서 나는 빛을 프레파라트 위에서 비추는 낙사조명법을 이용했어. 낙사조명법은 빛이 투과하지 못하는 불투명 재료를 관찰할 때 쓰는 방법인데, 재료 위에 전기스탠드 같은 밝은 광원을 비추면 이 빛이 재료에 반사되어 렌즈를 통과하는 거야. 이 방법은 저배율에서는 가능하지만 600배 정도의 고배율로

낙사조명법 저배율에서는 렌즈가 짧아 낙사조명법을 쓸 수 있지만 고배율에서는 대물렌즈가 프레파라트에 거의 닿을 듯하여 빛이 재료에 들어갈 틈이 없기 때문에 낙사조명법을 쓸 수 없다.

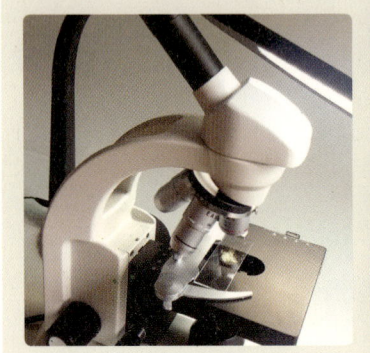
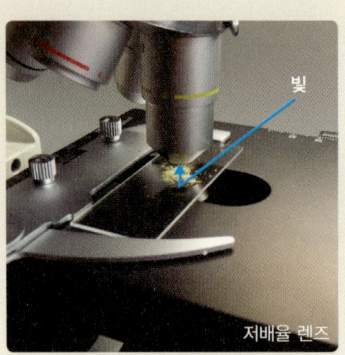
저배율 렌즈
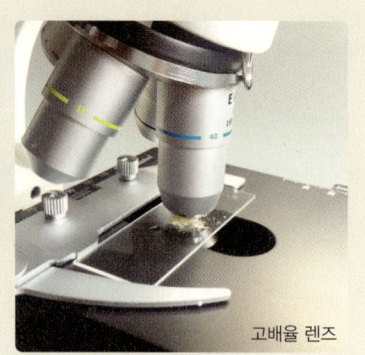
고배율 렌즈

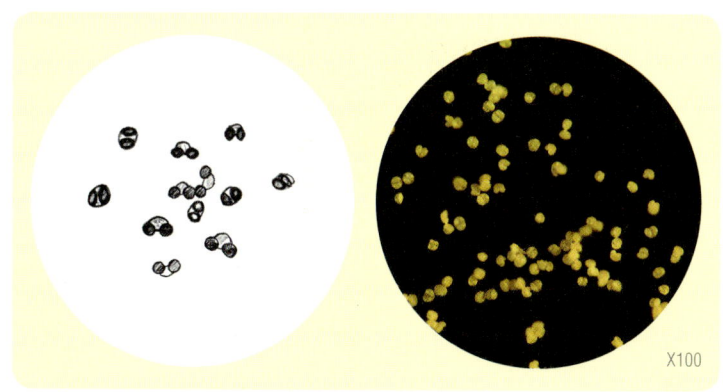
낙사조명법으로 관찰한 송홧가루

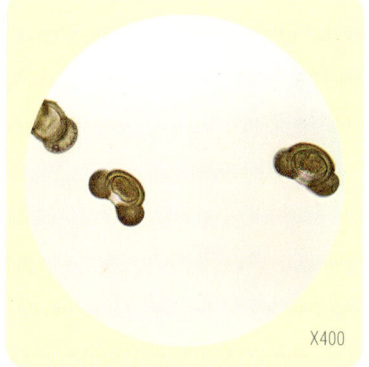
알코올 처리 후 투과조명법으로 관찰한 송홧가루

는 관찰할 수가 없어. 왜냐하면 저배율 대물렌즈는 짧아서 빛이 재료 위에 떨어질 수 있지만, 고배율 대물렌즈는 커버 글라스에 거의 닿을 정도로 길어서 빛이 재료에 떨어지지 못하기 때문이지. 이 방법을 이용하니까 송홧가루의 신비스러운 모습이 확 드러나더라고.

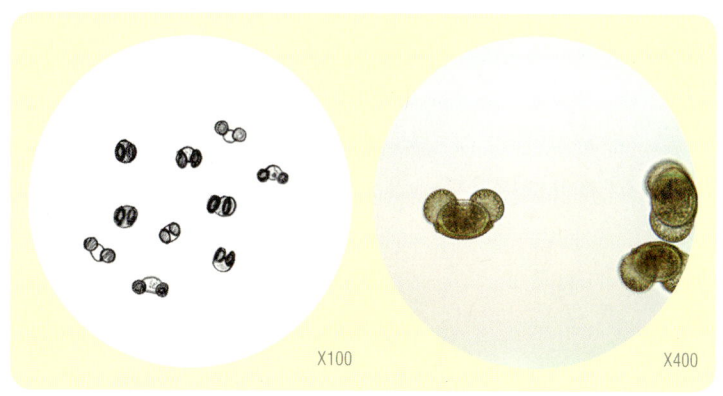
낙사조명법으로 관찰한 잣나무 꽃가루 그림   알코올 처리 후 관찰한 잣나무 꽃가루

잣나무

2장 봄이 오면 산에 들에 진달래 피네

송홧가루의 그림과 사진이 잘 보여? 꽃가루 옆에 둥근 공기주머니가 두 개 붙어 있는 모습인데, 꼭 아기들이 가지고 노는 딸랑이와 흡사하지 않니? 이 공기주머니가 풍선 같은 역할을 해서 바람에 두둥실 떠다닐 수 있는 거야.

송홧가루는 크기도 크고 모양도 특이하지. 또 건강에 좋아서 사람이 약으로 먹기도 한대. 어때, 정말 꽃가루의 제왕이라고 할 만하지? 주위에 잣나무가 있으면 잣나무 꽃가루도 관찰해 봐. 송홧가루와 정말 많이 닮았어.

그리고 여러 꽃가루를 관찰하면서 나중에 알게 된 건데, 송홧가루는 공기주머니 때문에 투과조명으로 볼 때 까맣게 보인 거였어. 물이 송홧가루의 공기주머니에 들어가지 못해 공기주머니 내부에 기포가 생기고, 이 기포가 빛의 투과를 방해해서 까맣게 관찰됐던 거야. 나중에 물 대신 알코올▶을 떨어뜨려 관찰해 봤는데, 공기주머니 내부까지 알코올이 들어가 깨끗한 상을 얻을 수 있었어. 공기주머니가 더 잘 보이지?

▶**규환이의 관찰 팁**
100% 알코올을 구하기 쉽지 않으면 약국에서 파는 70% 소독용 알코올을 사용해도 충분해.

여러 가지 꽃가루

친구들아, 꽃가루 관찰은 비교적 쉽지? 우리 주변에는 백합, 장미, 개나리, 진달래 등 쉽게 구할 수 있는 수많은 꽃이 있어. 그리고 그 꽃에서 대부분 쉽게 꽃가루를 채집할 수 있어. 이제 우리들 주변에 피는 꽃들의 꽃가루를 관찰해 볼까? 내가 관찰한 꽃가루 중 기억에 남는 것들을 소개할게.

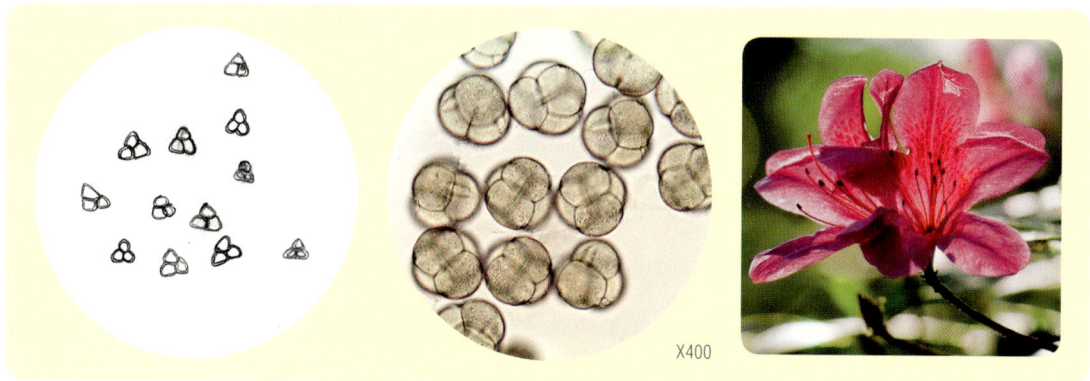

진달래 꽃가루

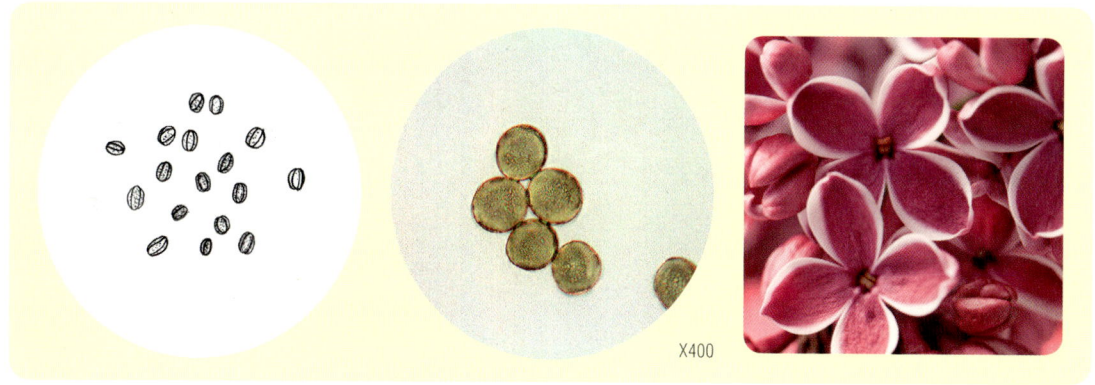

라일락 꽃가루

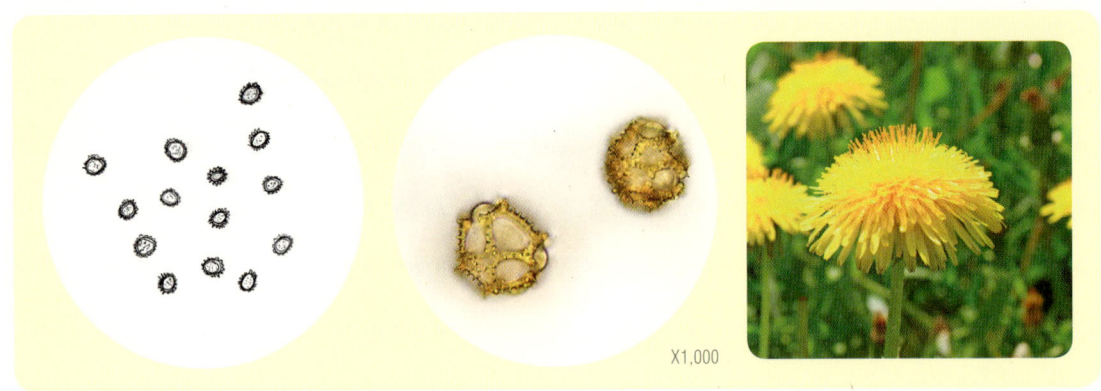

민들레 꽃가루

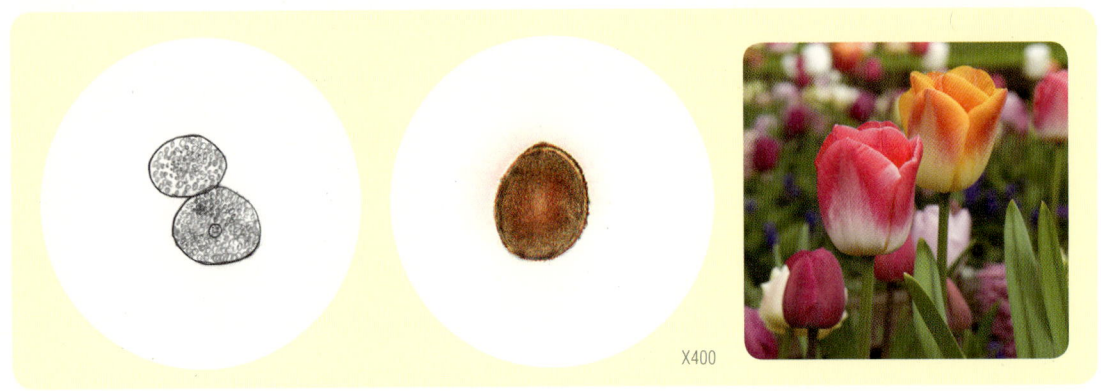

튤립 꽃가루

여러 가지 꽃가루를 관찰해 보니까 어때? 모두 모양이 다르지? 진달래 꽃가루는 꼭 세 개의 덩어리가 붙어 있는 듯한 모양을 하고 있고, 라일락 꽃가루는 보리쌀 같은 모양을 하고 있지. 또 민들레 꽃가루는 돌기가 있어. 꽃가루마다 모양이 각양각색이야. 나는 현미경을 보기 전엔 꽃가루가 그냥 둥근 모양일 것이라고 생각했어. 하지만 현미경으로 확대해서 보니 이렇게 다양한 모양을 하고 있다는 것이 참으로 놀라웠어. 또 꽃가루는 모양만큼 크기도 제각각이야. 100배로 봐도 크게 보이는 꽃가루가 있는가 하면, 900배로 확대해야 잘 보이는 것도 있어. 이렇게 작으면서도 신기한 꽃가루의 세계! 친구들도 빠져 보고 싶지 않니?

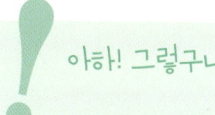

아하! 그렇구나

꽃의 초대

꽃은 크기, 모양, 색깔, 무늬, 향기가 매우 다양하지요. 하지만 모두 비슷한 구조를 가지고 있습니다. 꽃잎과 꽃받침이 있고 꽃잎 안에는 대개 암술과 수술이 있지요. 수술에 붙어 있는 꽃가루가 암술에 내려앉는 것을 '수분'이라고 합니다. 수분한 꽃가루에서 꽃가루관이 자라나고, 이 꽃가루관을 따라 꽃가루의 생식세포(정자)가 암술의 밑씨 속 난자와 만나면 수정이 이루어집니다. 새로운 생명을 탄생시킬 씨앗이 만들어지는 것입니다.

꽃가루가 암술머리에 붙어서 수정이 일어나려면 벌, 나비, 새 등 동물의 도움이 필요합니다. 그래서 꽃은 동물의 몸에 잘 붙을 수 있는 끈끈한 꽃가루를 만듭니다. 꽃잎의 색깔은 동물의 시선을 끄는 역할을 하지요. 꽃은 곤충과 작은 새에게 달콤한 꿀을 주고, 곤충이 알을 낳을 수 있는 안전한 장소를 제공합니다. 곤충과 새는 꿀을 찾아 이 꽃 저 꽃을 날아다니는 사이 자기도 모르게 꽃가루를 옮기고 있는 것이지요.

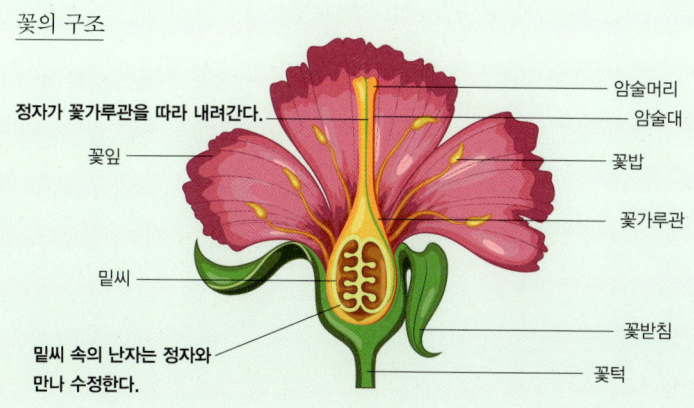

꽃의 구조

② 아름다운 꽃잎은 어떻게 생겼을까?

친구들아, 꽃가루를 관찰하려고 꽃을 많이 채집했지? 꽃을 채집한 김에 이번에는 꽃잎도 관찰해 보려고 해. 꽃잎은 참 아름다워. 색도 예쁘고. 이 아름다운 꽃잎에는 어떤 비밀이 숨어 있을까? 꽃잎도 세포로 구성되어 있을까? 기대되지 않니?

꽃잎을 관찰하는 방법

광학 현미경으로 관찰하려면 관찰할 재료가 어느 정도 투명하고 얇아야 된다는 거, 이제 모두 다 알고 있지? 그런데 아름다운 꽃잎은 대부분 불투명하더라고. 그래서 나는 주위에서 가능한 한 아주 얇고 색이 연한 꽃잎을 찾아내려고 애를 썼지. 그러다 마침내 선택한 것이 벚꽃이었어. 그래서 벚꽃을 프레파라트로 만들어 관찰을 해 봤지. 하지만 결과는 별로였어. 뭔가 보이는 것 같기도 한데, 뿌옇게 형체가 잘 드러나지 않지 뭐야. 결국 그날 꽃잎 관찰은 포기하고 말았어.

그러던 어느 날, 일본에서 가져온 현미경 관찰 도감을 읽고 있는데 불투명한 꽃잎을 관찰하는 방법이 적혀 있지 뭐야. 그걸 찾아냈을 때 얼마나 기뻤는지 몰라. 이 방법을 설명해 볼게. 우선 글리세린하고 에틸알코올, 그리고 물을 1:1:1 비율로 잘 섞은 혼합액●을 만들어. 그 다음 프레파라트를 만들 때, 꽃잎을 물 대신 이 혼합액으로 봉하고 관찰하는 거야. 그러면 꽃잎의 불필요한 조직을 녹여 내서 꽃잎 세포의 형태를 잘 보이게 해 주지. 꽃잎이 두꺼운 것은 30분 정도 오래 이 액체에 담가 놨다가 관찰하면 돼.

 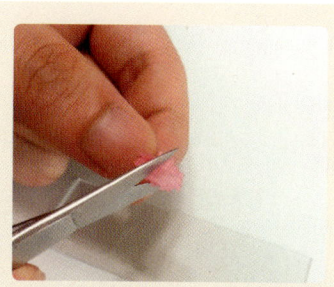

① 글리세린, 에틸알코올, 물을 섞어서 혼합액을 만든다.

② 꽃잎을 해부 가위로 잘라 슬라이드 글라스 위에 놓는다.

③ 글리세린, 에틸알코올, 물 혼합액으로 봉한다.

④ 커버 글라스로 덮고 이 상태로 30분 정도 놔둔다.

꽃잎 프레파라트 만드는 법

● **혼합액**
둘 이상의 순물질이 섞인 액체. 섞여만 있을 뿐이어서 그 속의 순물질 각각의 성질은 변하지 않고 그대로 가지고 있다.

다양한 꽃잎의 세포

나는 1년여에 걸쳐서 여러 가지 꽃잎을 채집해서 관찰했어. 내가 직접 키운 꽃도 있었고, 공원이나 아파트 화단에서 채집한 경우도 있지만, 문산에 있는 할아버지 농장에서 많이 채집했지. 할아버지께서 꽃나무를 좋아하셔서 농장에 꽃을 많이 심어 놓으셨거든. 또 시골이라 야생화도 많이 구할 수 있었지.

다음은 내가 관찰한 꽃잎들이야. 한번 같이 볼까? 꽃잎을 관찰하면 꽃잎도 세포로 구성되어 있다는 것을 알 수 있어. 모양도 다양해. 세포를 꿰매 놓은 모양인 것도 있고, 세포의 크기와 모양이 일정하지 않고 모두 다른 꽃잎도 있었어. 꽃잎도 세포의 모양이 종류에 따라 다르다는 게 신기했는데, 그중에서도 장미 꽃잎은 아주 특이한 모양을 하고 있었어. 다른 꽃잎은 세포가 납작하지만 장미 꽃잎은 세포가 볼록 튀어나와 있었어. 400배로 확대해서 보니까 마치 많은 산이 겹쳐 있는 듯한 느낌이 들었어. 참 신기하지? 친구들도 장미 꽃잎은 꼭 관찰해 봐.

벚꽃 꽃잎

진달래 꽃잎

장미 꽃잎

2장 봄이 오면 산에 들에 진달래 피네

3장

파릇파릇, 식물은 무얼 먹고 살까?

날씨가 따뜻해지면
온 세상이 파릇파릇해.
풀들은 쑥쑥 자라고
나뭇가지에는
잎이 무성하지.

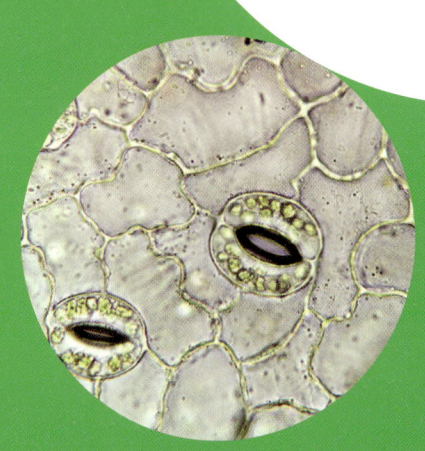

① 식물의 심장부 '잎'을 관찰해 보자

식물은 대부분 잎을 가지고 있어. 잎은 식물이 살아가는 데 중요한 일을 하지. 그래서 나는 잎을 '식물의 심장부'라고 부르고 싶어. 잎을 관찰하면 잎이 얼마나 중요한 일을 하고 있는지 실감이 날 거야. 어때, 벌써 궁금하지?

잎이 하는 일

잎은 광합성 작용을 해. 광합성은 잎이 햇빛을 받아 식물에게 필요한 영양소인 녹말을 만들어 내는 작용을 말해. 이 녹말은 식물뿐 아니라 동물에게도 꼭 필요해. 초식동물은 식물에 저장된 영양분을 먹고, 육식동물은 초식동물에 저장된 영양분을 먹는 거지. 최초의 영양소는 식물에 있는 셈이야. 그래서 식물이 자연 생태계를 지탱하고 있다고 볼 수도 있어.

또 녹말을 만드는 과정에서 식물은 우리가 내뿜는 이산화탄소를 산소로 바꿔 주는 아주 중요한 역할을 하고 있어. 잎에는 다른 기관에 비해 '기공'이라는 것이 월등히 많은데, 기공은 이산화탄소를 식물 안으로 들여보내고 산소를 식물 밖으로 내뿜는 역할을 해. 기공은 쉽게 말해서 식물의 콧구멍이라고 할 수 있어.

만약 식물의 잎이 없으면 우리는 어떻게 될까? 식물은 영양분을 만들어 내지 못하고 죽게 될 거야. 식물이 없으면 동물이 먹을 것도 사라지겠지. 그러면 동물도 살아남기 힘들 거야. 또 지구에 있는 산소도 점점 없어져서 나중에는 숨을 쉴 수 없게 되겠지. 그만큼 식물의 잎에서는 아주 중요한 일들이 일어나고 있어.

잎이 얇은 채소는 관찰하기가 쉽지: 상추

우선 잎의 표피세포를 관찰해 보는 것으로 잎의 관찰을 시작하는 것이 좋겠어. 표피세포란 잎의 겉껍질 세포를 말해. 보통 겉껍질이 한 층의 세포로 되어 있는데, 이 표피세포만을 잎에서 깨끗이 떼어 내는 것이 쉬운 일은 아니야. 나는 잎을 관찰하기 위해 수없이 많은 잎을 따서 시도해 보았지만 상당수는 실패하고 말았지. 그러나 너무 실망하지는 마. 비교적 쉽게 표피세포를 벗겨 낼 수 있는 잎도 많이 있어. 그런 잎을 먼저 관찰하는 것이 순서겠지?

내 경험에 따르면, 그런 잎이 바로 상추 잎이야. 우리 생활 주변에서 쉽게 구할 수 있는 것들 중에는 상추만한 게 없는 것 같아. 어디까지나 내 경험이니까 친구들도 여러 식물을 대상으로 관찰해 봤으면 해.

자, 그럼 본격적으로 잎의 표피세포를 관찰해 볼까? 상추 잎은 정말 구하기 쉽지? 서너 장 준비해서 일단 마르지 않도록 물속에 담가 놔. 그리고 한 장을 집어서 잎을 쭉 찢어 봐. 여러 번 하다 보면 찢은 부위에 투명한 막이 붙어 나오는 것이 있을 거야. 이 투명한 부분을 작은 해부용 가위로 조심스럽게 적당한 크기로 잘라서 슬라이드 글라스 위에 올려놓고, 물이나 묽은 아세트산카민 용액을 떨어뜨려. 이때 어쩌면 얇은 막이 뭉쳐 있을지도 몰라. 표피세포가 뭉쳐 있다면 해부용 핀으로 살살 흔들어서 펴 줘야 하는데, 세포가 상하지 않게 조심스럽게 해야 해. 그러고 나서 커버 글라스를 덮고 지금까지 했던 것처럼 현미경으로 저배율부터 고배율로 관찰하면 돼.

잎은 앞면 표피세포와 뒷면 표피세포가 모양이 다른 경우가 많아. 그리고 상추 같은 경우는 줄기에 연결된 큰 잎맥 부분의 표피세포도 모양이 다르니까 여러 군데의 표피세포를 벗겨서 관찰을 해 봐. 정말 재미있을 거야.

다음의 그림과 사진은 내가 관찰한 것들이야. 같이 볼까? 상추의 세포벽은 꾸불꾸불해서 400배로 봤을 때 꼭 직소 퍼즐 같다는 생각이 들었어. 또 뒷면 표피세포를 보면 꼭 입술처럼 생긴 것이 보일 거야. 이것이 바로 공변세포야. '공변'세포는 기'공'의 주'변'에 있는 세포라는 뜻이야. 공변세포는 두 개의 세포로 되어 있는데, 두 세포 사이에 있는 구멍이 바로 기공이야.

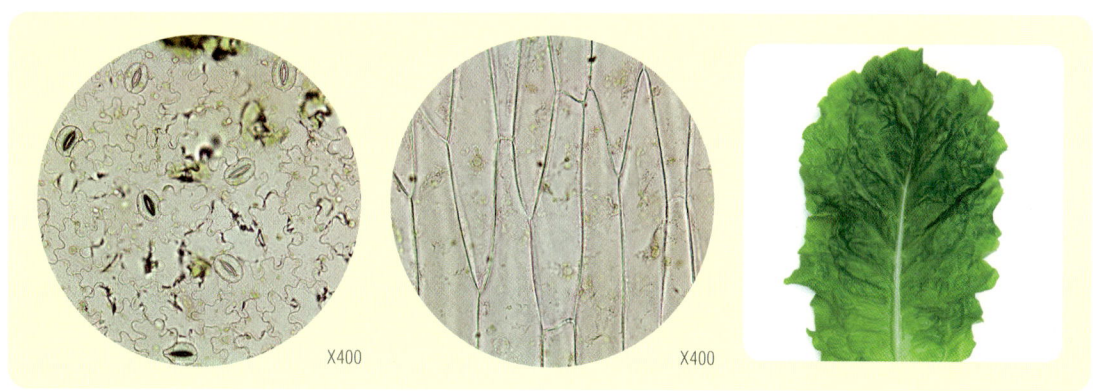

상추 잎의 뒷면 표피세포(왼쪽)와 잎맥 세포(가운데)

표피세포를 관찰하다 보면 기공이 어떤 것은 닫혀 있고 어떤 것은 열려 있다는 것을 알 수 있어. 기공은 두 개의 공변세포가 오므려졌다 펴졌다 하면서 잎에 이산화탄소를 들여보내기도 하고 산소를 내보내기도 해. 이 공변세포의 비밀을 처음 알았을 때 정말 신기해서 굉장히 흥분했던 기억이 생생해.

만약 세포를 염색하지 않았다면, 공변세포에 초록색 점이 보일 거야. 이게 바로 엽록체야. 잎이 녹색으로 보이는 까닭은 엽록체가 녹색을 띄고 있기 때문이야. 엽록체는 빛을 받아서 식물이 살아가는 데 필요한 양분을 만들어. 크기는 아주 작지만 중요한 일을 하고 있지. 식물은 이렇게 스스로 양분을 만들고, 동물에게도 나누어 주는 거야. 동물은 엽록체를 갖고 있지 않지.

그런데 상추에는 앞면과 뒷면 표피세포 모두에 공변세포가 발견되었어. 뒤에 계속 소개하겠지만, 다른 잎에는 뒷면 표피세포에만 공변세포가 있었거든. 왜 상추는 앞면에도 공변세포가 있는 걸까? 그리고 잎의 공변세포에는 하나 같이 엽록체가 있는데, 잎 뒷면에는 햇볕이 잘 닿지도 않는데 왜 공변세포에 엽록체가 있는 것일까? 아무리 생각해도 잘 모르겠어. 뭔가 비밀이 있을 것 같은데……. 혹시 아는 친구 있으면 가르쳐 줄래?

각종 채소 잎의 표피세포

채소는 재료를 쉽게 구할 수 있고, 다른 잎에 비해 잎이 연해서 얇은 표피세포를 벗겨내기 쉽지. 그래서 나는 처음에 채소들을 많이 관찰했어. 상추에 이어서 내가 관찰했던 채소 표피세포들을 소개할까 해. 또 배추나 케일 같은 쌈 채소는 잎맥이 두껍고 넓기 때문에 잎맥 부분의 표피세포도 관찰할 수 있어. 관찰 방법은 상추의 표피세포 관찰법처럼 하면 돼. 그럼 내가 관찰한 채소의 모습들을 같이 볼까?

채소의 세포 모양은 종류에 따라 아주 다양해. 상추처럼 퍼즐 모양의 세포도 있고, 세포의 모양과 크기가 불규칙한 잎도 있는가 하면, 다각형 모양을 하고 있는 것도 있었어. 또 앞면 표피세포와 뒷면 표피세포의 모양이 비슷한 채소가 있는가 하면, 모양이 서로 다른 것도 있어. 엽록체가 유난히 많이 있는 잎도 있고 적게 있는 잎도 있었지. 진한 녹색을 하고 있는 채소에 엽록체가 많이 들어 있었어. 하지만 공변세포의 모양은 대부분 비슷해. 물론 크기의 차이는 있지만 말이야.

또 여러 가지 채소의 잎맥 부분 세포의 모양도 비교해 보면 모양

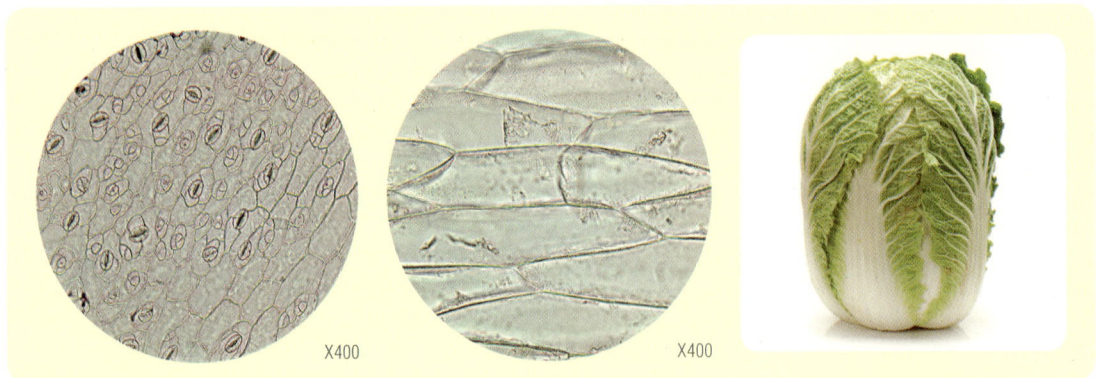

배춧잎의 뒷면 표피세포와 잎맥 세포

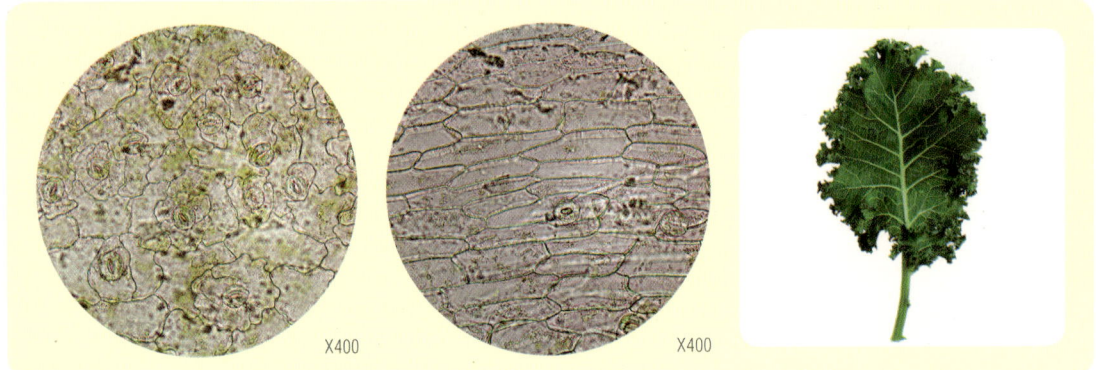

케일의 뒷면 표피세포와 잎맥 부분 표피세포

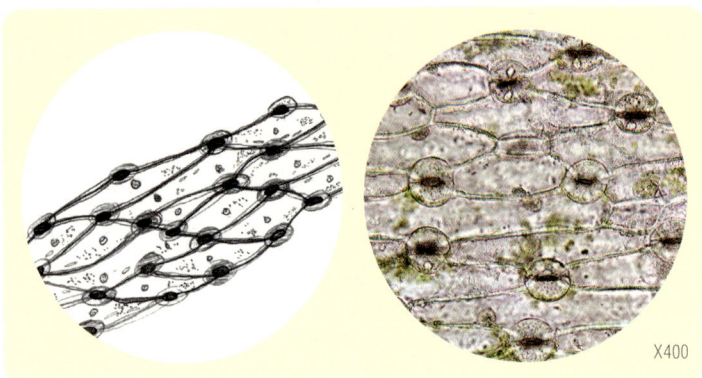

파의 뒷면 표피세포와 잎맥 부분 표피세포

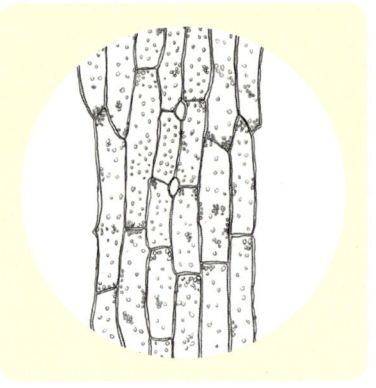

상추의 표피세포에서 관찰된 공변세포 없는 기공

이 비슷하다는 것을 알 수 있어. 대부분이 길쭉하고 다각형 모양을 하고 있는 것이 꼭 양파 세포를 닮았어. 잎맥은 물이나 영양분을 실어 나르는 길쭉한 통로라서 잎맥의 표피세포도 길쭉한 모양을 하고 있는 것 같아. 그런데 상추의 잎맥 부분 표피세포는 참 특이한 점이 있어. 공변세포가 없는 기공도 보이더라고. 참 신기해. 그리고 엽록체가 아주 잘 보였어.

두꺼운 잎도 관찰해 보자: 비비추와 수선화

이제 다른 식물의 잎을 관찰해 보려고 해. 잎을 구했으면 집으로 돌아와서 일단 물에 담가 두어야 해. 그냥 방치하면 잎이 시들어서 표피가 잘 벗겨지지 않고 공변세포가 모두 닫혀. 그런데 다른 식물의 잎은 채소와는 달리 관찰하기가 좀 힘들어. 찢어도 표피가 벗겨지지 않는 경우가 너무 많거든. 나도 내 주변에 있는 식물을 거의 모두 찾아다니며 찢어 봤는데, 프레파라트를 만들어 관찰할 수 있었던 것은 많지 않아. 대학이나 연구소의 과학자들은 얇은 박편을 깎아 내는 특수한 기계를 사용한다고 해. 하지만 우리들은 그런 기계가 없기 때문에 상추처럼 손으로 찢어서 관찰할 수 있는 잎들을 골라 봤어. 쉽게 관찰할 수 있는 잎들이라고 말은 했지만

비비추 잎을 비틀어 찢는 모습

투명한 표피세포를 해부 가위로 잘라 프레파라트를 만든다.

두꺼운 잎의 표피세포를 얻는 방법

이 잎들도 수십 차례 찢어서 겨우 적당한 표본을 얻을 수 있었지.

자, 그럼 먼저 비비추의 잎을 관찰해 볼까? 비비추는 관상용으로 많이 키우는 아름다운 식물이야. 외떡잎식물인데, 꽃이 예뻐서 꽃다발을 만들기도 하고 어린 새싹은 먹기도 해.

비비추 잎은 찢어서 표피를 벗겨 내도 되지만, 잎이 두껍기 때문에 양파 속껍질을 관찰하듯이 칼집을 낸 다음, 핀셋으로 표피를 벗겨 내는 방법을 써도 돼.

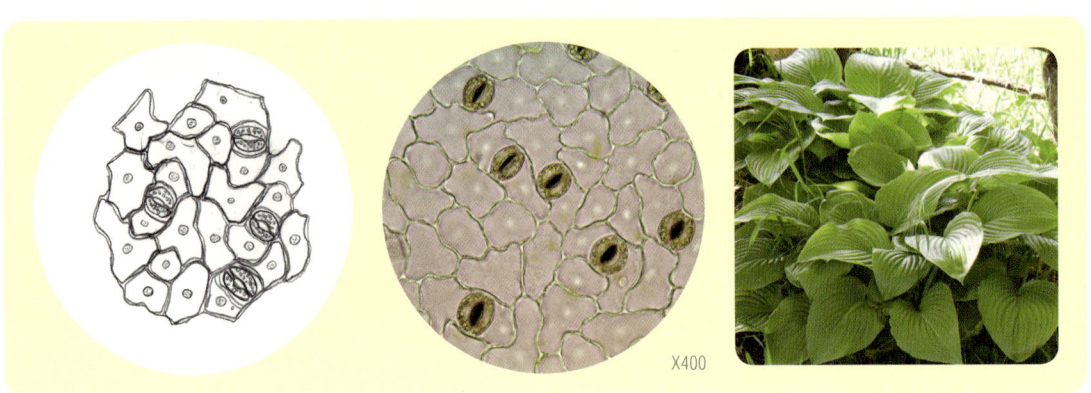

비비추 잎의 뒷면 표피세포

내가 관찰한 그림과 사진을 보면 비비추 잎의 세포가 둥근 모양을 하고 있어. 또 세포에 있는 핵이 정말 뚜렷하게 보여. 공변세포만 없으면 꼭 마늘 속껍질 세포와 같아.

수선화 잎도 비비추와 비슷한 방법으로 쉽게 관찰할 수 있어. 수선화도 외떡잎식물로 난초처럼 생긴 아름다운 꽃이야. 잎은 비비추보다는 가늘고 두께는 두꺼운 편이야. 잎이 두터워서 가로로 살짝 칼집을 낸 후, 칼집 낸 반대 방향으로 잎을 꺾어서 쭉 찢으면 표피세포가 잘 벗겨지지. 그런데 벗겨진 표피세포를 작게 잘라 놓으면 금세 돌돌 말려 버리기 때문에 슬라이드 글라스 위에 놓고 핀셋으로 조심스럽게 펴 줘야 해.

내가 본 수선화 잎의 그림과 사진이야. 수선화 잎은 참 특이한 모

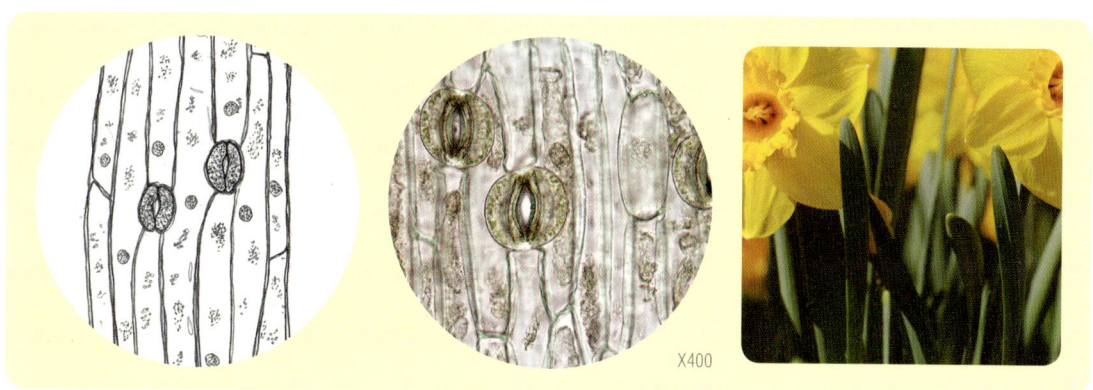

수선화 잎의 뒷면 표피세포

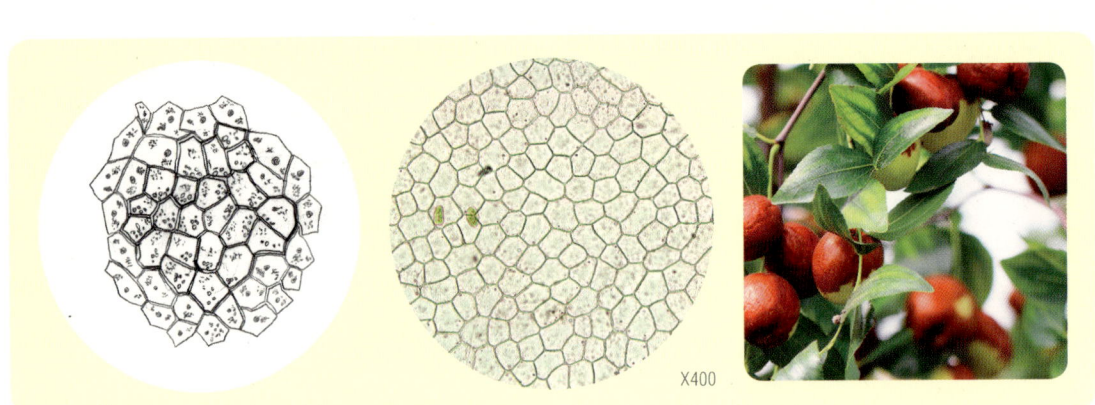

대추나무 잎의 앞면 표피세포

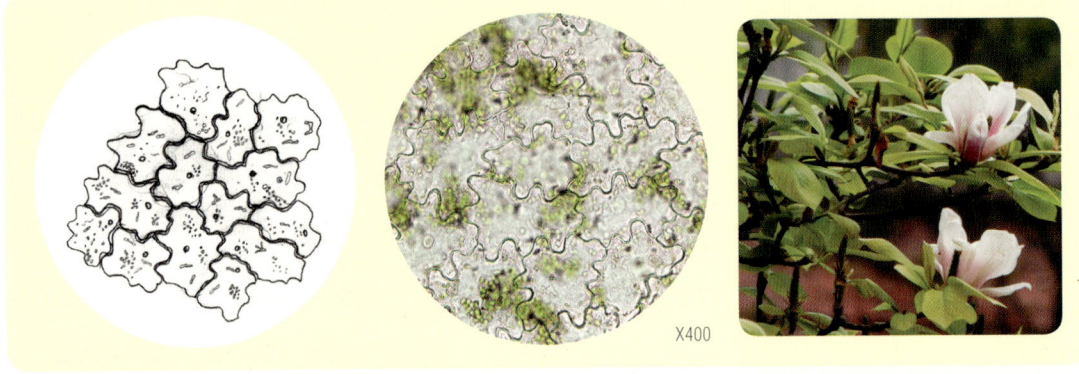

목련 잎의 앞면 표피세포

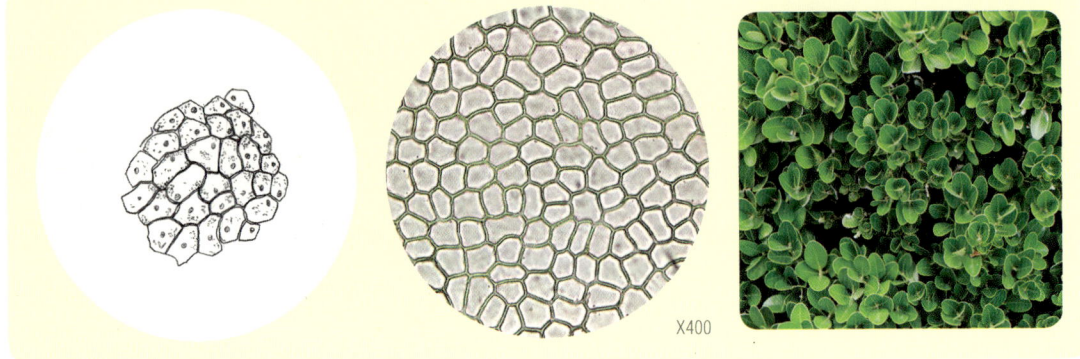

회양나무 잎의 앞면 표피세포

양을 하고 있었어. 비비추의 표피세포와 완전히 다른 모양이야. 표피세포가 잎의 모양만큼이나 아주 길쭉하지. 이렇게 기다란 세포는 처음 봤어. 기다란 세포 사이사이에 공변세포가 보여.

관찰한 나뭇잎 중에서 대추나무, 목련, 회양나무 잎 등이 기억에 남아. 다른 나무의 잎에 비해 표피 조직을 쉽게 벗겨 낼 수 있었고 세포가 비교적 또렷하게 관찰됐기 때문이야. 이 그림과 사진 들도 참고삼아 한번 보길 바라.

공변세포가 잘 보이는 담쟁이넝쿨 잎

일본에 있을 때, 아버지께서 다니시는 대학교에 자주 놀러 갔었어. 대학교 건물 벽에는 담쟁이넝쿨이 많이 있었는데, 담쟁이넝쿨에 있는 흡착근 떨어지는 소리가 좋아서 지나갈 때마다 뜯으면서 놀곤 했지. 그러던 어느 날, '담쟁이넝쿨 잎의 세포는 어떻게 생겼을까? 잎이 얇고 보드라운 것이 현미경으로 볼 수도 있겠는데.' 하는 궁금증이 생기지 뭐야. 그래서 잎을 뜯어 집으로 가지고 왔어.

그때는 내가 현미경 관찰을 시작한 지 얼마 안 되던 때라 아버지의 도움을 받아 관찰해 봤어. 이때 표피세포를 벗겨 내기 위해 이렇게도 해보고 저렇게도 해보다가 비로소 '찢기 공법'을 알아내게 된 거야.

담쟁이넝쿨 잎을 관찰해 보니까 공변세포의 모양이 아주 뚜렷하게 잘 보였어. 특히 공변세포 속에 있는 엽록체와 핵이 뚜렷하게 보였어. 처음 관찰한 나뭇잎이 지금까지 관찰한 나뭇잎 중에서 공변세포가 가장 잘 보이는 것이었다니, 참 행운이 아닐 수 없어. 그래서인지 그때의 감격은 잊을 수가 없어. 그 뒤로 나는 여기저기 나뭇잎만 보면 이리 찢어 보고 저리 찢어 보고, 집에 가져와서 현미경으로 관찰하는 습관이 생겼지.

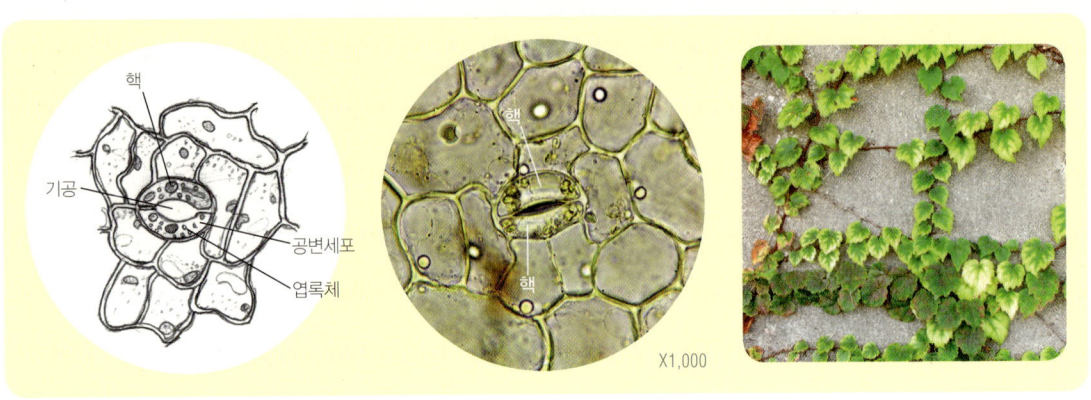

담쟁이넝쿨 잎의 앞면 표피세포

잎의 대표적인 표본, 쥐똥나무 잎

이번에는 쥐똥나무야. 쥐똥나무는 관상용으로 많이 기르기 때문에 아파트 정원이나 공원 화단에 나가면 쉽게 볼 수 있어. 이름이 참 재미있지? 쥐똥만한 까만 열매가 열린다고 쥐똥나무래, 하하.

쥐똥나무 잎은 크기가 작기 때문에 많이 따오면 좋아. 그리고 지

쥐똥나무 잎의 앞면(윗줄)과
뒷면(아랫줄)의 표피세포

금까지 계속 설명한 우리들의 비장의 무기, 찢기 공법! 알지? 좋은 표본이 나올 때까지 하나씩 집어서 이리저리 잘 찢어 보는 거야. 벗겨진 표피를 가위로 잘라서 슬라이드 글라스 위에 놓고 염색을 한 뒤 커버 글라스를 덮고 관찰하면 돼.

쥐똥나무는 앞면과 뒷면 표피세포의 모양이 서로 비슷해. 다만 앞면 표피세포에는 공변세포가 없고, 뒷면 표피세포에만 공변세포가 있어. 또 앞면 표피세포에서는 뒷면에서보다 핵이 뚜렷하게 보였어. 내 경험에 의하면 쥐똥나무 잎은 나뭇잎 대부분의 모양과 특징을 대표적으로 잘 보여 주는 아주 좋은 표본인 것 같아. 친구들도 꼭 관찰해 봐.

잎의 단면을 관찰하는 방법: 동백나무

잎의 표피세포를 살펴봤으니, 이제 잎의 단면을 관찰해 보자. 친구들도 해보면 알겠지만 잎의 단면을 프레파라트로 만든다는 것은 표피세포와는 비교도 안 될 정도로 어려운 작업이야. 나도 엄청나게 많은 시행착오를 겪었어. 관찰하기 적당한 잎을 찾는 것도 힘들었고, 잎을 관찰하기 적당한 크기로 자른다는 것도 생각보다 쉬운 일이 아니었어. 좀 단단하고 어느 정도 두꺼운 잎이 적당한데, 너무 단단하거나 너무 두꺼워도 안 되더라고. 내가 해보니까 동백나무나 밀감나무의 잎이 관찰하기 적당한 것 같아.

일단 무나 당근, 감자 같이 단단하면서도 칼로 쉽게 썰 수 있는 것을 준비해야 돼. 그중에서도 무를 추천해. 당근은 붉은 색소가 있어서 관찰 재료가 당근 색으로 물이 들고, 감자는 녹말 입자가 관찰 재료에 묻어나오기 때문이야. 먼저 사진과 같이 무를 적당한 크기로 썰고, 깊이 칼집을 내서 잎을 끼울 수 있도록 만들어. 그리고 구해 온 잎에서 가는 잎맥 주위를 3밀리미터 정도 남겨 두고 잘라. 그 다음에 무의 칼집에 자른 잎을 끼우고, 튀어나온 부분을 잘라서 무와 잎의 높이가 같도록 해. 그리고 무를 꽉 잡아서 잎이 움직이지 않게 단단히 고정시키는 거야. 이 상태에서 무를 지지대로 삼아서 예리한 면도칼로 잎을 최대한 얇게 떠내는 거야. 날카로운 칼을 사용해 종이 두께만큼 얇게 잘라야만 세포의 구조를 잘 관찰할 수 있어. 어때, 좀 어렵지? 많이 연습해야 좋은 관찰 재료를 얻

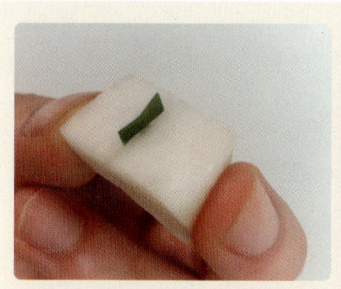
무의 칼집 사이에 동백나무 잎을 끼운다.

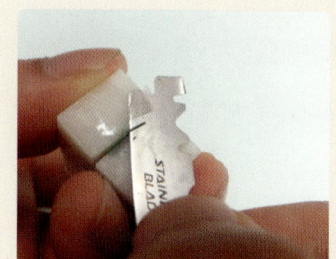
최대한 얇게 박편을 떠낸다.

잎의 단면 표본을 얻는 방법

을 수 있어. 잘 안된다고 금방 포기하지 말고 꾸준히 연습하길 바라. 그리고 친구들, 면도칼은 매우 날카로우니 손을 다치지 않도록 조심하는 것 잊지 말고.

이렇게 얇게 잘라 낸 잎의 박편을 핀셋을 이용하여 슬라이드 글라스 위에 놓고, 물을 한 방울 떨어뜨린 다음, 커버 글라스를 덮으면 프레파라트 완성이야.

자, 그럼 동백나무 잎을 관찰해 보자. 동백나무 잎 제일 바깥쪽에 보면 사각형 모양의 세포가 다닥다닥 붙어 있는 것이 보일 거야. 이게 바로 우리가 그동안 관찰해 온 표피세포의 단면이야. 표피세포는 식물을 보호하고 수분의 증발을 막는 역할을 하지.

표피 밑 부분을 보면 가늘고 긴 세포가 빽빽이 들어차 있는 모습을 볼 수 있어. 이 조직을 '책상 조직'이라고 해. 여기서 말하는 '책상'은 우리가 공부하는 책상이 아니고, 울타리 모양이라는 뜻이야. 그래서 '울타리 조직'이라고도 해. 기다란 세포가 가지런히 붙어 있는 모습이 꼭 나무판자를 쭉 이어서 만든 울타리 모양 같지 않아? 식물세포에는 엽록체가 들어 있는데, 울타리 조직은 세포가 많이 몰려 있어서 광합성을 제일 많이 하는 곳이지.

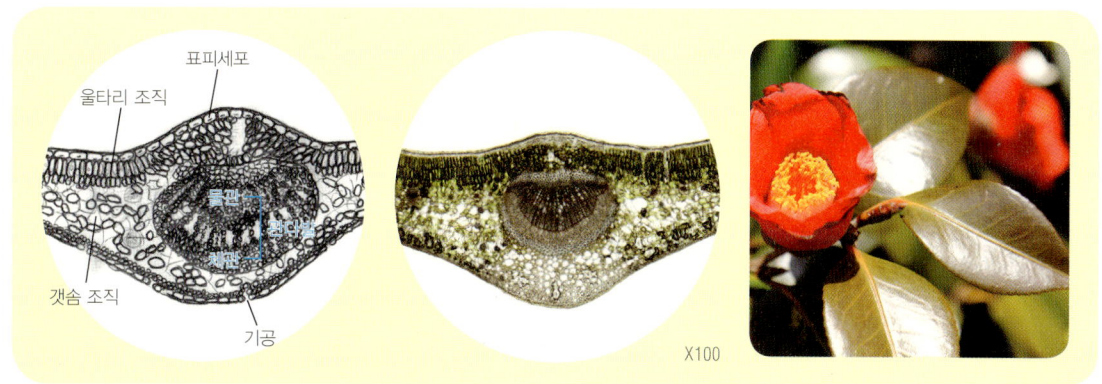

동백나무 잎의 단면

울타리 조직과 달리 세포가 성기게 얽혀 있는 부분은 '해면 조직'이라고 해. 꼭 스펀지 같다고 해서 '갯솜 조직'이라고도 하지. 스펀지를 한자어로는 '해면'이라고 하고, 순우리말로는 '갯솜'이라고 불러. 왜 이곳은 울타리 조직처럼 세포가 빽빽하게 들어서지 않고 엉성하게 구멍이 있을까? 갯솜 조직은 잎의 뒷면이라서 그래. 좀 전에 울타리 조직에서 광합성 작용이 제일 활발하게 일어난다고 말했지? 광합성이 일어나려면 햇빛이 필요한데, 잎 뒷면은 앞면에 비해 햇빛을 그다지 받지 못하기 때문에 앞면만큼 광합성을 활발하게 하기 어려워. 그래서 뒷면쪽에는 울타리 조직만큼 세포가 많지 않은 거야. 하지만 갯솜 조직도 나름의 역할을 하고 있어. 갯솜 조직에는 세포와 세포 사이에 공간이 많이 있어. 이런 세포와 세포 사이의 공간에서는 공기와 물질이 이동하고 있지. 갯솜 조직을 이루는 세포 속에도 엽록체가 있어서 광합성 작용이 일어나기는 해.

그리고 잎의 가운데를 보면 체관과 물관이 보일 거야. 체관은 양분의 이동 통로야. 엽록체에서 만들어 낸 양분이 체관을 통해 식물 곳곳으로 퍼져. 물관은 뿌리에서 빨아올린 물을 운반하는 통로야. 체관과 물관은 파이프처럼 길쭉한 세포로 되어 있어.

친구들, 어때? 하찮게 생각했던 얇은 잎 한 장도 이렇게 복잡한 구조로 되어 있었어. 나는 현미경 관찰을 계속하면 할수록 '생물의 세계는 신비로 가득 차 있구나.' 하는 생각이 들었어.

뾰족한 소나무 잎의 단면

소나무는 침엽수인데 동백나무 잎과 같은 방법으로 관찰하면 돼. 소나무는 염색을 안 해도 어느 정도 잘 보이는 것 같아.

소나무 잎은 활엽수의 잎과는 전혀 다른 구조를 하고 있어. 가운데에 체관과 물관이 보이지만 표피 뒤에 울타리 조직이나 갯솜 조직이 분명해 보이지 않았어. 그리고 퍼즐 모양을 한 세포가 가득 차 있는데, 이 세포들에서 광합성이 일어나나 봐. 초록색으로 보이는 걸 보니 엽록체가 있는 게 분명해.

소나무 잎의 단면

잎의 가장자리에는 둥근 관 같은 것이 일정한 간격을 두고 있어. 한동안 이게 무엇인지 확실하게 몰라서 나는 체관과 물관처럼 물질이 이동하는 통로일 거라고 추측만 하고 있었어. 그런데 조사해 봤더니 이 구멍은 '수지구'라고 부르는 곳이더라고. 긴 원통 형태의 관인데, 송진을 분비하고 저장하는 장소라고 해. 소나무에서는 끈적끈적한 액체가 분비되는데, 이곳에서 흘러나오나 봐. 그동안 관찰했던 잎에서는 볼 수 없었는데 소나무 잎에서 이 구멍을 알게 되어서 정말 신기했어.

지금까지 소개한 나뭇잎은 빙산의 일각에 불과해. 이 밖에도 쉽게 볼 수 있는 잎사귀들이 훨씬 많을 거야. 그중에는 아주 특이하고 재미있는 식물도 있겠지? 교과서에는 없지만 이런 걸 찾아내서 관찰하고, 관찰하고 나서 궁금한 걸 조사하고 연구해서 하나씩 새로운 지식을 쌓아 가는 것이 참 보람되고 재미있는 것 같아. 정말 가만히 생각해 보면, 현미경 관찰을 시작한 이후로 생물에 대한 관심이 엄청 많아졌어. 앞으로도 현미경 관찰을 많이 할 거야. 친구들도 같이 해보지 않을래?

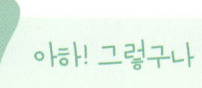 아하! 그렇구나

나뭇잎이 녹색인 이유

식물은 대부분 광합성을 합니다. '광합성'이라는 말을 그대로 풀면 두 가지 이상의 물질에 빛에너지가 가해져 화학적으로 구조가 다른 새로운 물질이 만들어진다는 뜻입니다. 식물은 빛에너지를 이용해 이산화탄소와 물에서 포도당과 산소를 합성해 냅니다. 포도당과 산소는 동물들이 생명을 유지하는 데 없어서는 안 되는 소중한 물질이지요.

광합성은 주로 잎에서 일어납니다. 잎에서도 '엽록체'라는 아주 작은 소기관에서 일어나지요. 엽록체 속에는 '엽록소'라는 녹색 색소가 있는데, 이 엽록소는 태양광선의 빨강, 파랑, 녹색 중에 주로 빨간빛과 파란빛을 광합성의 에너지로 씁니다. 엽록소가 빨간빛과 파란빛을 흡수하면 녹색 빛이 남게 되지요. 식물의 잎이 녹색으로 보이는 것은 태양광선 중 녹색 빛이 엽록소에 흡수되지 못하고 반사되기 때문입니다.

나뭇잎에는 엽록소 말고도 여러 가지 색소가 들어 있습니다. 가을에는 날이 추워지고 햇빛의 양이 줄어들어 잎 속에 있는 엽록소가 파괴되는 나무들이 많습니다. 그러면 엽록소를 뺀 나머지 다른 색소들만 남아 빨간색이나 노란색이 드러나는데, 이것이 단풍이지요.

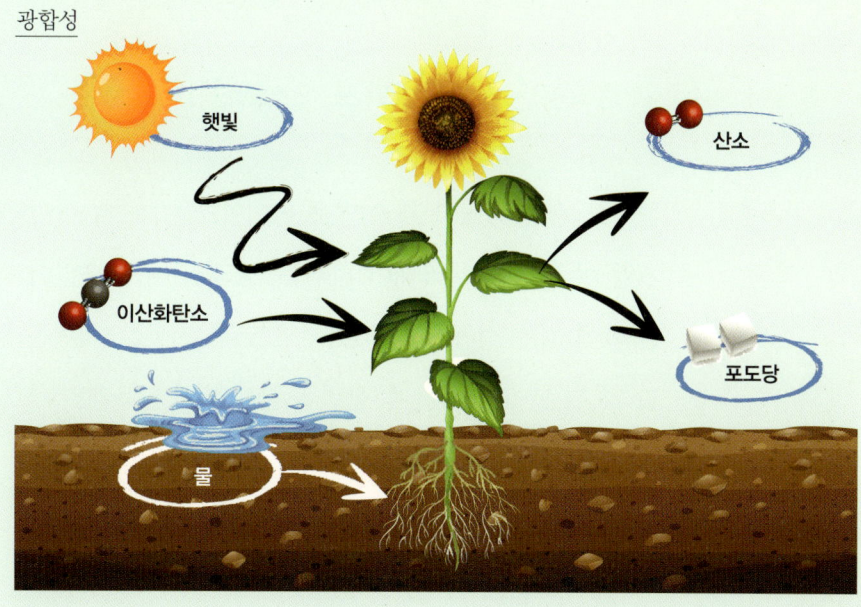

② 식물의 줄기는 어떻게 생겼을까?

식물에 관한 책을 보면 줄기는 '뿌리에서 빨아들인 물과 양분의 이동 통로'라고 나와 있어. 이 이동 통로는 어떤 모양을 하고 있는지, 줄기도 세포로 되어 있는데 세포들은 어떻게 생겼는지 궁금해졌어. 그래서 줄기의 단면을 관찰하게 되었지.

줄기 단면 프레파라트 만들기

줄기도 관찰 방법이 꽤 어려운 편이야. 줄기도 잎의 단면을 볼 때처럼 아주 얇게 잘라내야 하거든. 그래서 나도 수없이 많이 실패한 끝에 겨우 성공할 수 있었어. 그러나 친구들, 어려운 만큼 재미도 있고 보람도 커. 어때, 한번 도전해 보지 않을래?

줄기 단면의 관찰 방법도 잎의 단면을 관찰하는 것과 기본적으로 같아. 지름 3밀리미터 이하의 어린 식물 줄기를 구해서 무의 깊은 칼집에 끼워 물리고, 예리한 면도칼로 아주 얇게 박편을 떼내면 돼. 이때 줄기는 동그랗게 생겼기 때문에 나뭇잎처럼 꽉 쥐면 안 되겠지? 두꺼운 줄기는 무에 끼우지 않고, 바로 잘라도 돼. 이렇게 떼낸 박편을 슬라이드 글라스에 놓은 후, 물을 한 방울 떨어뜨리고 커버 글라스로 덮으면 프레파라트가 완성되지.

또 부드러운 줄기는 자르기 전에 잉크 속에 뿌리 쪽 끝을 담가 두면 잉크가 물관을 타고 올라가기 때문에 물관을 구분해 뚜렷하게 관찰할 수도 있어. 자, 그러면 본격적으로 줄기의 단면을 관찰하러 가 볼까?

쌍떡잎식물의 줄기 단면

줄기를 관찰하기 전에 줄기의 역할에 대해 알아보는 것이 좋을 것 같아. 앞에서도 말했듯이 줄기는 물과 양분의 이동 통로야. 잎이 광합성을 할 수 있도록 물을 공급해 주고, 잎이 만들어 낸 양분을 운반하는 역할을 해. 흔하진 않지만 잎이 햇빛을 잘 받게 해 양분을 저장하는 일도 줄기의 몫이야. 양파, 마늘, 감자 등은 줄기가 양분을 저장해서 생긴 것들이야. 또 줄기는 가시가 돼서 식물을 보호하기도 해. 장미나 탱자나무의 가시도 줄기가 변해서 생긴 거야. 줄기가 하는 일은 정말 다양해.

줄기는 식물의 종류에 따라 다른 구조를 가지고 있어. 크게 쌍떡잎식물과 외떡잎식물 줄기로 나눌 수 있지. 쌍떡잎식물은 떡잎이 두 장, 즉 쌍으로 나는 식물이고, 외떡잎식물은 씨에서 떡잎이 한 장만 나오는 식물이야. 먼저 쌍떡잎식물부터 관찰해 보려고 해.

나는 쌍떡잎식물 중에 우리나라 산과 들에서 쉽게 볼 수 있는 돼지풀 줄기를 관찰해 봤어. 돼지풀 줄기처럼 다른 것에 감겨 오르지 않고 혼자서 꼿꼿이 땅 위에 서는 식물은, 관다발이 줄기의 둘레에 모여 있어. 관다발은 식물에서 양분과 물을 운반하는 통로 조직(체관과 물관)과 섬유 조직● 들이 모여 있는 조직을 통틀어 '관다발'이라고 해. 관다발을 이루는 섬유 조직은 줄기를 단단하게 하지. 이런 단단한 관다발들이 줄기의 둘레에 모여 있어서 줄기는 식물을 지탱하는 역할도 해.

관다발을 보면 제일 안쪽에 위치해 있는 것들이 물관이야. 물관은

●섬유 조직
가는 실 모양을 이루고 있는 세포 집단.

돼지풀의 줄기 단면

물의 이동 통로 역할을 하고, 죽은 세포들로 되어 있어. 그리고 물관 바로 다음을 보면 '형성층'이라는 것이 있어. 형성층은 쌍떡잎식물과 겉씨식물에서 발달되어 있어. 살아 있는 세포들로 구성되어 있는데, 세포 분열을 해서 줄기가 굵게 자라게 하는 역할을 해. 형성층 바깥쪽에 있는 것은 체관이야. 체관은 영양분의 이동 통로고, 살아 있는 세포들로 연결되어 있어.

외떡잎식물의 줄기 단면

이어서 외떡잎식물에 대해 이야기해 볼까? 우선 옥수수 줄기나 보리 줄기를 구해서 프레파라트를 만들어 관찰해 봐. 나는 할아버지의 농장에서 키우는 옥수수의 어린 줄기를 관찰해 봤어. 외떡잎식

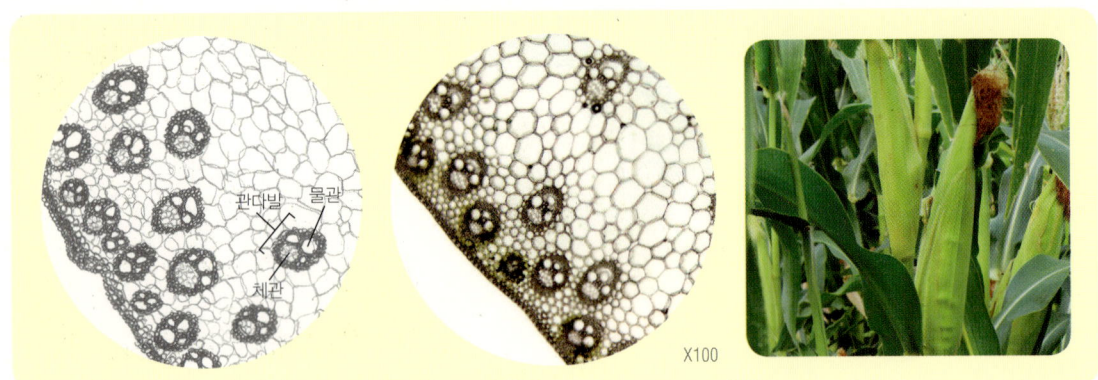

옥수수의 줄기 단면

물의 관다발은 물관과 체관이 한 덩어리를 이루고 있고, 형성층이 없다는 것을 알 수 있어. 그리고 관다발이 둘레에 많이 모여 있긴 하지만, 가운데 부분에서도 관다발을 찾아 볼 수 있다는 것도 큰 특징이지. 쌍떡잎식물은 관다발이 둘레에만 몰려 있었는데, 외떡잎식물은 왜, 줄기 중앙부에서도 관다발이 보이는 걸까? 참 신기하고 이상하지?

그리고 왜, 식물은 쌍떡잎식물과 외떡잎식물로 나뉘어져 있을까? 참 궁금한데, 아무리 책을 찾아봐도 안 나와 있더라고. 누구 아는 사람 있으면 가르쳐 줄래?

나무의 단면과 나이테

나는 아버지와 여러 전시회에 자주 가는데, 한번은 주택 건축에 관련된 박람회에 간 적이 있어. 그곳에는 노송나무로 만든 고급 욕조를 전시한 회사들이 많이 있었어. 노송나무는 일본어로는 '히노키'라고 해. 노송나무는 주로 일본에서 생산되는데, 향과 질이 좋은 나무라고 아버지께서 설명해 주셨어. 나무의 성분이 건강에도 좋아서 고급 욕조를 만들 때 많이 사용되지.

아버지와 난 욕조를 전시해 둔 곳에서 노송나무 샘플을 얻어 왔어. 나는 나무나 돌 등을 수집하는 것이 취미라 아주 기뻤지. 집에 와서 나무를 다듬어서 잘 간직하려고 하는데, 문득 '나이테의 세포는 어떻게 생겼을까?' 하는 궁금증이 생기지 뭐야. 나는 바로 현미경 관찰을 시도했지.

노송나무

나무 관찰은 처음이라 일단은 재물대에 샘플을 올려놓고 낙사조명으로 관찰했어. 그런데 이 방법으로는 세포를 잘 관찰할 수 없었어. 그래서 이번엔 나무의 나이테 부분을 예리한 칼로 얇게 박편을 떠내서 관찰을 했는데, 근사하게 잘 보이는 거 있지. 노송나무가 그리 단단하지는 않아서 얇게 박편을 만들 수 있어서 정말 다행이었어.

노송나무를 보니까 봄, 여름에는 세포벽이 얇고 세포가 큰데, 가을, 겨울에는 세포벽이 두껍고 세포가 작아져서 나이테가 형성된다는 것을 잘 관찰할 수 있었어. 가을에 식물의 성장이 멈추기 시작해서 겨울에는 완전히 멈추기 때문에 그런 현상이 생기는 거라고 책에서 봤는데, 그 모양을 실제로 확인하고 나니 얼마나 신기했는지 몰라.

나는 다른 나무도 관찰해 보고 싶어졌어. 내가 수집한 나무 중에 아끼고 또 아끼는 나무가 있어. 왜 이 나무토막을 애지중지하냐고? 이 나무토막은 보통 나무가 아니라서 그래. 일본의 최남단인 '야쿠시마'라는 섬에는 삼나무가 많이 있어. 일본에서는 삼나무를

노송나무 재목의 단면과 노송나무

'스기'라고 부르지. 이 삼나무도 튼튼하고 향이 좋아서 재목으로 인기가 아주 높아. 그런데 야쿠시마에 있는 삼나무는 보통 삼나무하고는 좀 달라. 야쿠시마 섬은 기상 조건이 매우 특별하기 때문에 1,000년 이상 오래된 나무가 굉장히 많아. 이 섬에 있는 이런 삼나무를 특별히 '야쿠스기(야쿠 삼나무)'라고 해. 야쿠스기 중에는 2,000년이 넘는 것도 있는데 지름이 4미터나 된다네 글쎄.

야쿠스기

이 나무들은 유네스코 세계자연유산●에 지정될 정도로 귀한 나무들이야. 그래서 함부로 벨 수 없어. 하지만 이 나무들도 폭풍이나 번개를 맞으면 쓰러지겠지? 죽은 나무들만 사람들이 가질 수 있는데, 아버지 친구 분께서 나에게 이 나무토막 하나를 선물로 주셨어. 야쿠스기는 나이테가 아주 촘촘해. 내가 가지고 있는 야쿠스기 조각을 보면 나이테와 나이테 사이의 간격이 0.1밀리미터도 안 되는 것도 있어. 이런 야쿠스기의 나이테가 궁금해져서 현미경으로 보고 싶지 뭐야. 그래서 아끼는 거지만 조금만 뜯어서 현미경으로 보기로 했어.

야쿠스기를 현미경으로 관찰해 보니까 노송나무와는 다른 모양을 하고 있었어. 노송나무는 가을에 들어서면 세포벽이 두꺼워지기

● **세계자연유산**
인류가 길이 보존해야 할 가치가 있는 자연 환경 구역을 말한다. 유네스코에서 논의를 거쳐 경관이 뛰어나거나 지질학적·생태학적으로 의미 있는 곳, 생물다양성이 뛰어나 그 가치를 인정받은 곳이 선정된다. 세계자연유산에 등록되면 유네스코 회원국들은 이들 유산을 적극적으로 보호해야 할 의무를 갖는다. 우리나라는 2007년에 '제주 화산섬과 용암동굴'이 처음으로 자연유산에 등재되었다.

시작해서 겨울이 되면 아주 많이 두꺼워져. 이렇게 가을부터 겨울까지 점점 두꺼워진 세포벽이 나이테로 보이는 거야. 그래서 노송나무의 나이테는 점점 색이 진해지는 것처럼 보여. 그런데 야쿠스기는 나이테의 세포와 그렇지 않은 세포의 차이가 극명하게 구분되어 보이더라고. 이유는 야쿠시마의 경우, 사계절이 뚜렷하지 않고 1년 내내 거의 더운 열대의 기후를 보이다가 아주 짧은 기간 동안만 기온이 떨어지기 때문에 그렇다고 해. 그런데 더운 시기에도 별로 많이 자라는 것 같지 않았어. 앞에서 말한 것처럼 나이테와 나이테 사이의 간격이 아주 짧거든. 이건 성장을 거의 안 했다는 것을 의미해. 이유는 야쿠시마의 기후가 습하고 비바람이 많이 부는 환경이라 더운 지방임에도 불구하고 아주 천천히 성장을 했기 때문이야. 그래서 야쿠스기가 보통의 삼나무와 다르게 특이한 것이지. 참 보면 볼수록 신기하고 불가사의한 나무야.

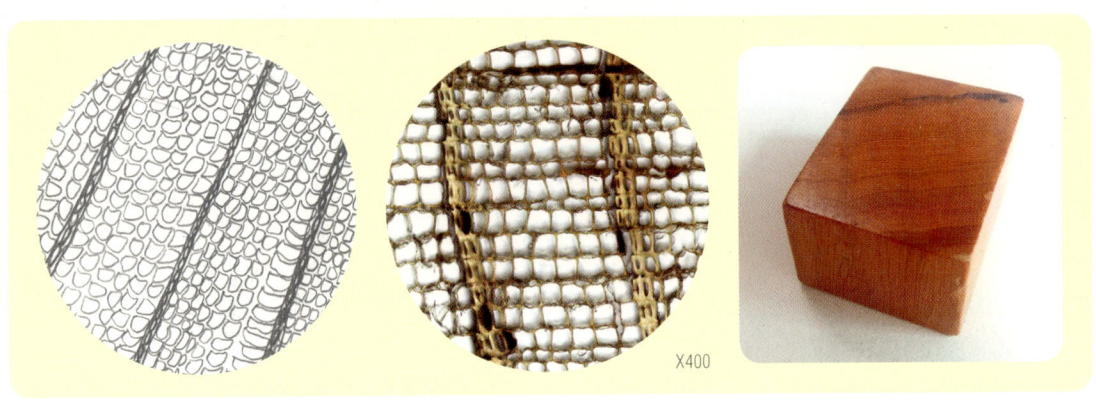

야쿠스기 재목의 단면

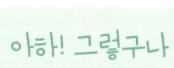 아하! 그렇구나

100미터까지 올라가는 물

식물은 뿌리에서 빨아들인 물을 물관을 통해서 나무 꼭대기에 있는 나뭇잎까지 올려 보내야 하는데요. 키가 큰 나무 중에는 10미터가 훨씬 넘는 나무도 아주 많습니다. 미국 서부의 세쿼이아 국립 공원에 있는 세쿼이아 나무는 키가 100미터도 넘는다고 합니다. 그런데 식물에는 동물처럼 심장도 없고 기계처럼 펌프도 없습니다. 그렇다면 이처럼 키 큰 나무 위로 물을 어떻게 올려 보내는 것일까요?

여기에는 밀고 당기는 두 가지 힘이 작용합니다. 뿌리에서는 삼투압에 의해 물이 뿌리 속으로 빨려 들어갑니다. 삼투란 액체에 고체 물질이 녹아 있는 농도가 서로 다를 경우, 반투막을 사이에 두고 농도가 낮은 쪽에서 농도가 높은 쪽으로 물이 이동하는 것을 말하는데, 식물 속의 농도가 흙 속의 농도보다 훨씬 높아서 물이 식물 속으로 빨려 들어갑니다. 농도 차이가 클수록 빨려 들어가는 압력, 즉 삼투압도 세집니다. 식물은 이 힘으로 물을 상당한 높이까지 올려 보낼 수 있습니다.

또 큰 나무에서는 매일 1,000리터 이상의 물이 잎의 기공을 통해 수증기 형태로 빠져나갑니다. 이것을 '증산 작용'이라고 하지요. 물이 잎에서 증발되면 그 빈자리를 메우려고 이웃 세포에 있는 물이 이동하는데, 이것도 일종의 삼투 현상입니다. 각 잎마다 일어나는 힘이 합쳐지면 물을 100미터까지도 올려 보낼 수 있다고 합니다.

여기에 물 분자가 서로 잡아당기는 응집력과 가는 물관에서 발생하는 모세관 현상 등도 물을 높이 올려 보내는 데 힘을 보탭니다. 물 분자는 자석처럼 서로 떨어지지 않고 붙어 있으려는 성질이 있습니다. 그래서 잎에서 물이 증발하면 아래에 있는 물 분자가 딸려 올라가지요. 또한 물은 가는 대롱을 물속에 꽂았을 때 수면보다 높이 딸려 올라가는 특성이 있습니다. 관이 가늘수록 물은 높이 딸려 올라가지요.

자연의 능력이란 참 경이롭습니다.

세쿼이아 나무

부엌에 가면
관찰할 것들이 참 많아.
수박, 감자, 김…….
네가 가장 좋아하는 것은
뭐야?

❶ 맛있는 수박 속에도 세포가 있을까?

여름에 더울 때, 냉장고에서 수박을 꺼내 먹으면 참 시원하고 맛있지. 정말 여름엔 수박만 한 게 없는 것 같아. 그런데 하루는 이런 생각이 들지 뭐야. '단물이 듬뿍 들어 있는, 꼭 스펀지 같은 빨간 수박 속도 세포로 되어 있을까?' 친구들은 어때? 궁금하지 않아? 이참에 다른 과일과 속이 꽉 찬 채소의 속도 관찰하려고 해.

수박 속 세포

수박을 비롯해서 과일의 과육 세포는 조직이 연해서 관찰하기가 아주 쉬워. 수박 속을 작은 조각으로 자른 다음, 예리한 면도칼로 아주 얇게 박편을 뜨는 거야. 이거 잎의 단면 관찰할 때 해봤지? 수박은 조직이 연해서 잎의 박편을 만드는 것보다 훨씬 쉬워. 박편을 슬라이드 글라스 위에 올려놓고 아세트산카민으로 염색한 후, 커버 글라스를 덮고 관찰하면 돼.

다음은 내가 관찰한 수박 과육 세포야. 참 놀라워. 수박 속도 세포로 가득 차 있는 거야. 커다란 공 같이 생긴 세포가 단물을 가득 담고 있지. 세포의 핵도 또렷하게 잘 보여. 이런 과일의 과육 세포는 과즙으로만 가득 차 있고, 식물의 영양소인 녹말은 없어. 과육은 녹말을 저장하는 기관이 아니고 씨를 보호하기 위해 있는 것이라서 그래. 어차피 동물에게 먹히거나 떨어져 썩게 될 운명인데 양분을 저장할 필요가 없잖아. 동물을 유혹하는 단물만으로 충분할 거야. 씨는 동물에게 먹혀서 나중에 소화되지 않고 배설물에 섞여 나와 다른 장소에서 싹을 틔우겠지.

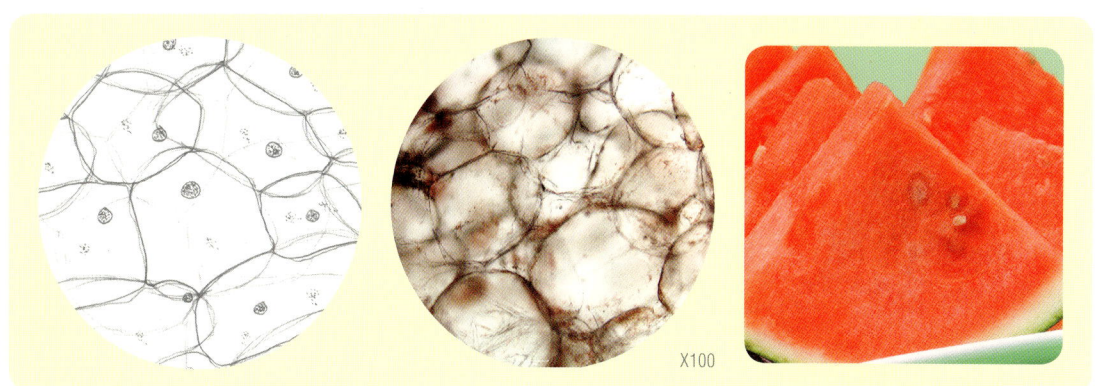

수박의 과육 세포

이번에는 우리가 먹는 여러 가지 과일의 과육 세포를 보려고 해. 관찰하는 방법은 수박과 똑같아. 자, 그럼 내가 관찰한 것들을 같이 보자.

사과의 과육 세포 사진에 간혹 보이는 까만 동그라미는 프레파라트를 만들 때 들어간 기포야. 관찰 결과를 보면, 사과는 큰 공 같은 세포로 이루어져 있는 것이 꼭 수박하고 비슷해.

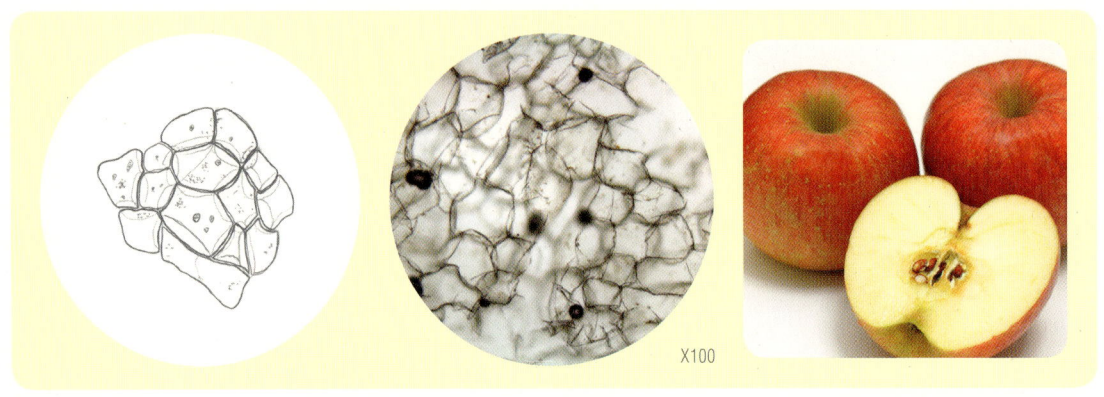

사과의 과육 세포

그런데 배의 과육 세포는 작은 점 몇 개가 뭉쳐 있고, 이 점들을 중심으로 마치 아름다운 꽃이 핀 것 같은, 특이한 모양이었어. 책을 찾아보니까 이 점 같은 것은 '돌세포'라는 것인데, 세포벽이 돌처럼 딱딱하게 변형되어서 생긴 것이래. 그러고 보니까 배를 먹을 때 뭔가 작은 것이 오돌오돌 씹히는 느낌이 있었던 것 같아. 참 재미있지?

X100

배의 과육 세포

감자와 당근의 세포

감자나 당근 같이 속이 꽉 찬 것에도 세포가 있을까? 관찰하는 방법은 과일 과육 세포를 관찰하는 방법과 같으니까 바로 관찰 결과로 넘어갈게.

감자와 당근을 관찰하면 세포가 있다는 것을 알 수 있어. 그리고 작지만 세포마다 핵도 관찰할 수 있어. 과일의 과육처럼 둥근 모양을 한 세포들이 모여 있는 것도 알 수 있지.

또 감자를 보면 기포 같은 것이 많이 보일 거야. 나는 이것이 기포인 줄 알고 프레파라트를 몇 번이나 다시 만들었는지 몰라. 그런데도 프레파라트를 만들어서 관찰할 때마다 기포 같은 것이 계속

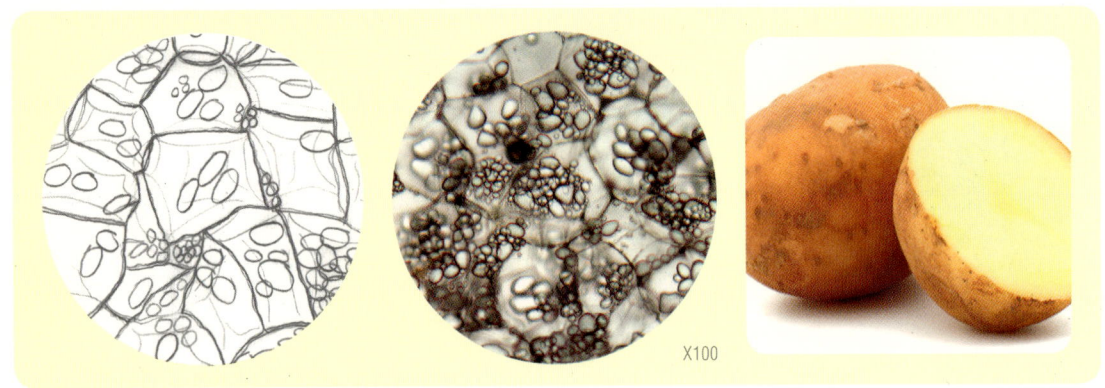

감자의 세포

보였어. 이상해서 책을 찾아보니, 이것은 기포가 아니라 녹말이라는 것을 알게 되었어. 녹말은 잎에서 만들어진 영양분인데 분말 형태로 식물의 여러 기관에 저장돼. 우리가 먹는 감자도 녹말을 저장하는 기관이야. 그러니까 감자는 식물에서 만들어진 영양분을 저장하는 창고라고 볼 수 있겠지. 감자 말고도 쌀이나 밀을 보면 이런 녹말 덩어리를 관찰할 수 있대.

이번에는 당근을 살펴보자. 당근의 세포 모양은 감자와 비슷하지만, 감자에 있었던 녹말은 없었어. 대신 세포 속에 주황색 막대기 같은 것이 보였어. 아세트산카민으로 염색을 하지 않았는데도 말이야. 이 막대기는 무엇일까? 또 책을 찾아보고 답을 얻을 수 있었어! 당근이 붉은 이유는 카로틴 색소가 풍부하기 때문인데, 붉은 막대기가 바로 카로틴 색소였던 거야! 붉은 당근의 비밀이 풀리는

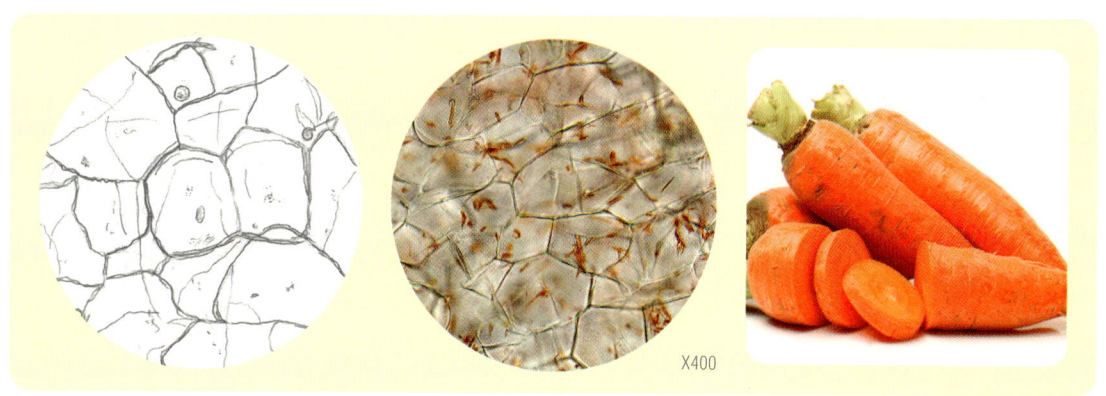

당근의 세포

순간이었어.

카로틴 색소에 대해 더 조사해 보니까 카로틴 색소는 당근뿐만 아니라 녹황색 채소에 풍부하다고 해. 또 카로틴 색소는 우리 몸에서 비타민 A로 전환되어 중요한 영양소로 쓰여. 당근이 눈에 좋다는 말 들어봤지? 이것도 카로틴 색소가 비타민 A로 전환되어 우리 눈에서 사용되기 때문이야. 앞으로 당근을 먹을 때마다 카로틴 색소가 생각날 것 같아.

감자와 당근 관찰을 통해 새로운 발견을 할 수 있어서 정말 신나고 재미있는 관찰이었어. 이렇게 숨겨진 비밀을 밝혀내는 것이 현미경 관찰의 가장 큰 매력인 것 같아.

❷ 식탁 위의 조류

이번에는 좀 색다른 것을 관찰해 볼 거야. 뭐냐 하면 우리가 밥 먹을 때 즐겨 먹는 김과 미역을 관찰할 거야. 김이나 미역은 우리 식탁에서 쉽게 볼 수 있는 바닷말이지만, 그 구조나 생김새는 참 특이하지. 그래서 현미경으로 관찰해 보면 아주 흥미로울 거야

김

김과 미역은 대형 바닷말인데, 바다에 서식하는 조류라서 '해조류' 라고 하기도 해. 구체적으로 말하자면, 김은 홍조류고, 미역은 갈조 류에 해당하지. 왜 그런 이름이 붙었는지는 관찰해 보면 알 수 있어.

김을 관찰하기 위해선 일단 마른 김의 작은 조각을 준비해. 구운 김이나 기름 바른 김 등은 이미 성질이 변해서 관찰 대상으로 적합하지 않아. 반드시 굽지 않은 생김을 사용해야 돼.

관찰 방법을 설명할게. 우선 마른 김을 조금만 잘라서 배양 접시나 오목한 그릇에 넣고 물을 부어. 잠시 물에 불린 다음, 해부 침이나 젓가락 같은 것으로 살살 흔들어서 풀어 주는 거야. 그러면 뭉쳐 있던 김이 하나하나 떨어지게 돼. 풀어진 김 중 가장 얇은 것을 골라서 슬라이드 글라스에 놓고 커버 글라스를 덮은 뒤 관찰하면 돼.

마른 김을 보면 검은색으로 보이지만 배양 접시에 풀어 헤쳐진 작은 김 조각을 보면 붉은빛이 많이 섞여 있는 걸 알 수 있어. 그래서 '홍조류' 라고 불러.

마른 김을 물에 둔다.   풀어헤쳐진 김

마른 김에서 시료를 채취하는 방법

다음은 내가 관찰한 김 세포의 그림과 사진이야. 김의 세포를 보니 어때? 김 세포는 식물세포와는 달리 특이한 모양을 하고 있어. 꼭 두껍고 투명한 젤리 속에 작은 공 모양을 한 적갈색 세포가 박혀 있는 듯한 모습이지. 이 적갈색을 한 세포는 난세포야. 김은 부

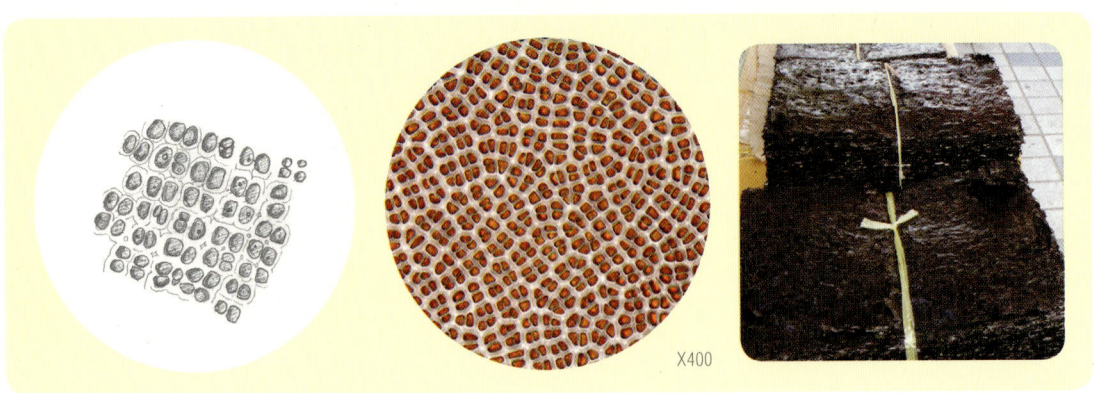

김의 세포

위에 따라 하는 일이 달라. 난세포가 만들어지는 부분도 있는가 하면 정자를 만들어 내는 세포도 있어. 난세포는 정자를 받아서 수정을 한 뒤 포자●를 만들어 내는 역할을 해.

●포자
포자식물의 생식세포. 암수 구별이 없다. 대개 하나의 세포로 되어 있고 단독으로 발아하여 새로운 개체가 된다. '홀씨'라고도 한다.

이렇게 만들어진 포자가 조개껍데기나 바위 같은 곳에 떨어져 새로운 김의 개체로 자라나게 되는 거야. 우리가 아는 종자식물과는 다른 훨씬 복잡한 방법으로 번식을 하는 특이한 생물이 김이지. 자, 그럼 이제는 김의 사촌뻘인 미역을 관찰하러 가 볼까?

김의 난세포와 정자가 수정하는 모습

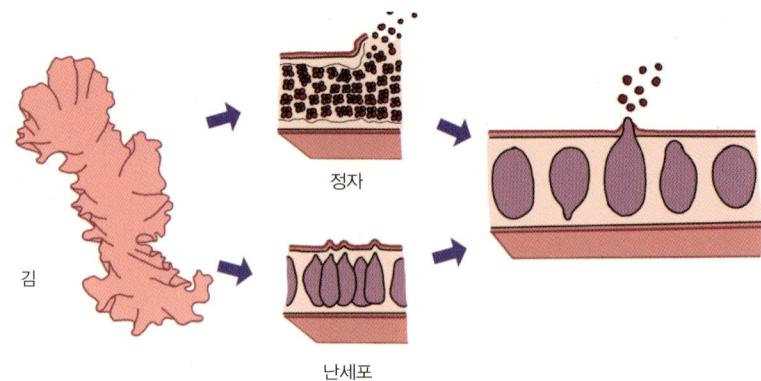

미역

미역도 김과 바닷말의 일종이지만 김하고는 조금 달라. 두께도 두껍고 크기도 커. 다 자란 미역을 보면 갈색에 가까운 색을 띠고 있지. 그래서 바닷말 중에서 '갈조류'라고 불러.

음, 미역을 관찰하기 위해선 우선 가장 얇은 미역 조각을 찾아야 돼. 일단 슈퍼마켓에 가서 국거리용 마른 미역을 한 봉지 사 와. 봉지를 뜯어 접시에 기울이고 살살 털어 보면, 부서진 작은 조각들이 떨어질 거야. 큰 덩어리보다는 부서진 조각에 얇은 미역이 많이 있어. 얇으니까 잘 부서지지 않았겠어?

이렇게 모은 작고 검은 부스러기를 배양 접시나 오목한 그릇에 놓고, 물을 부으면 요술 같이 금세 녹색 미역으로 변하지. 진짜 요술 같아. 바다에서 본 생미역은 갈색으로 보이지만, 마른 미역을 풀어 얇은 조각으로 떼어 보면 녹색으로 보이더라고. 그중 제일 얇은 것을 핀셋으로 집어서 살펴보면, 김과는 달리 꼭 샌드위치 모양인 것을 알 수 있어. 젤리 같은 투명한 물질 양쪽에 녹색의 얇은 막이 붙어 있어. 바로 이 녹색의 얇은 막을 끝이 예리한 핀셋으로 살짝 벗겨 내는 거야. 양파 껍질 벗기듯이 미리 칼집을 내 놓고 하는 것도

미역의 구조

미역의 세포

좋은 방법이야. 이렇게 떼어 낸 얇은 조각을 슬라이드 글라스에 놓고 물을 한 방울 떨어뜨린 후, 커버 글라스를 덮고 관찰하면 돼.

내가 관찰한 그림과 사진을 보면, 색깔이 다른 것을 빼고는 거의 김의 난세포와 비슷해. 미역도 김처럼 정자와 난세포가 수정하고 포자를 방출해서 번식하는데, 김과 다른 점은 뿌리와 줄기, 그리고 포자엽●과 영양엽●의 구분이 아주 뚜렷하다는 거야.

● 포자엽
포자가 생기는 잎. '실엽'이라고도 한다.

● 영양엽
포자를 만들지 않고 광합성만 하는 잎. '나엽'이라고도 한다.

미역은 우리나라와 일본의 해안에서만 자란대. 우리는 세계에서 미역을 쉽게 관찰할 수 있는 얼마 안 되는 사람들이야. 행운이지. 그러니까 친구들 꼭 미역을 관찰해 보길 바라.

③ 곰팡이도 생물이야

날씨가 더우면 오래된 음식에 곰팡이가 생기는 것을 쉽게 볼 수 있지? 우리 집에서는 어머니와 할머니께서 늘 된장과 고추장을 직접 담그시는데, 이 고추장 항아리나 된장 항아리에서도 쉽게 곰팡이를 볼 수 있어. 이번엔 이런 곰팡이가 어떻게 생겼는지 관찰해 보려고 해.

곰팡이 키우기

나는 곰팡이가 어떻게 자라는지도 보고 싶어서 직접 배양해 보기로 했어. 먼저 밥이나 떡, 과일, 식빵 등을 준비하고 표면에 분무기로 물을 뿌려 줘. 식빵에는 설탕물을 뿌려 주는 것이 효과적이야. 그리고 이것들을 배양 접시에다 놓고 몇 시간쯤 지난 뒤에 랩을

식빵에 배양한 곰팡이의 변화 과정

덮어. 배양 접시가 없는 친구들은 도시락 통이나 반찬 통에 넣고 뚜껑을 덮어도 돼. 이제 이것을 따뜻한 곳에 놔두면 일주일 안에 곰팡이가 생길 거야. 더운 여름에는 사흘만 있어도 곰팡이가 생겨.

곰팡이를 현미경으로 보는 것도 재미있지만, 곰팡이가 자라나는 과정을 자세히 살펴보면 여기에도 참 재미있는 점이 많아. 일단, 곰팡이를 현미경으로 관찰하기 전에 곰팡이가 자라나는 모습을 한번 볼까? 따뜻한 계절이면 사흘도 되기 전에 빵에 검은 점이 생기거나 흰털 같은 것이 돋는 걸 볼 수 있어. 그리고 일주일 정도 지나면 식빵 여기저기에 곰팡이가 균사를 뻗고 있어. 균사는 포자에서 뻗어 나온 실 같이 길쭉한 것을 말해. 계속 놔두면 균사는 빽빽이 자라.

푸른곰팡이는 마치 연한 녹색 종이 같이 보여. 약 2주 정도 지나니 다른 곰팡이들은 거의 다 죽고 푸른곰팡이가 대부분을 차지했어. 이렇게 곰팡이들에게도 강약 관계가 있어. 처음에는 거미줄곰팡이, 털곰팡이, 붉은곰팡이, 누룩곰팡이 등 많은 곰팡이가 생겨. 하지만 조금 지나면 누룩곰팡이가 세력을 뻗치게 돼. 뛰는 놈 위에는 나는 놈이 있는 법. 시간이 더 지나면 푸른곰팡이가 가장 크게 퍼져 거의 전체를 덮어 버리고 말지. 푸른곰팡이는 떡이나 빵 같은 곳에서 잘 퍼져.

그리고 또 재미있는 것 한 가지! 곰팡이를 배양시키다 보면 희거나 분홍색을 띠며 끈적한 액체가 뭉쳐 있는 듯한 둥근 덩어리가 생기는 일이 있어. 이것은 곰팡이가 아니고 세균의 집락이야. '콜로니'라고도 해. 푸른곰팡이와 세균의 집락이 접촉하는 부분을 자세하게 관찰해 봐. 푸른곰팡이 쪽에 있는 세균은 점점 콜로니의 색이 옅어지고 두께도 얇아지다가 푸른곰팡이 가까이에서는 아예 없어져 버렸다는 것을 알 수 있어. 세균이 죽어서 없어진 거야. 푸른곰팡이는 특별한 물질을 만들어 내는데, 세균이 이 물질에 닿으면 죽게 돼. 이 물질이 바로 그 유명한 항생제, 페니실린이야. 페니실린은 영국의 세균학자인 알렉산더 플레밍이 발견했어. 곰팡이가 사람에게 해로운 줄만 알았는데, 곰팡이에서 이런 이로운 항생제가 개발되다니 참으로 경이롭지 않니?

● 항생제
세균을 죽이거나 세균의 번식을 억제하는 물질

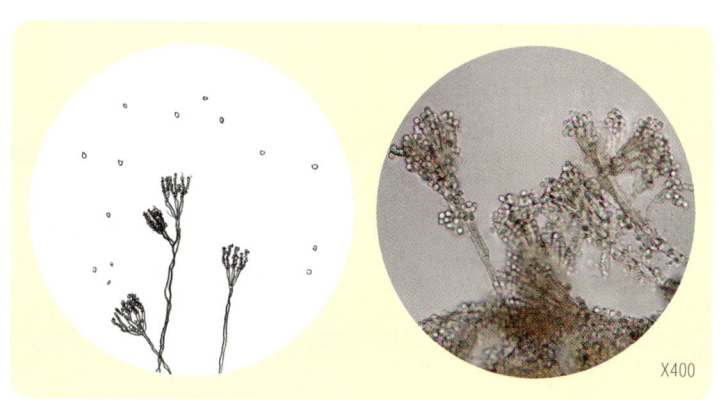

X400

푸른곰팡이

거미줄곰팡이

이제 곰팡이를 현미경으로 관찰해 보자. 곰팡이를 핀셋으로 떼어서 슬라이드 글라스에 놓고 물로 봉한 후, 커버 글라스를 덮은 뒤 관찰하면 돼. 쉽지?

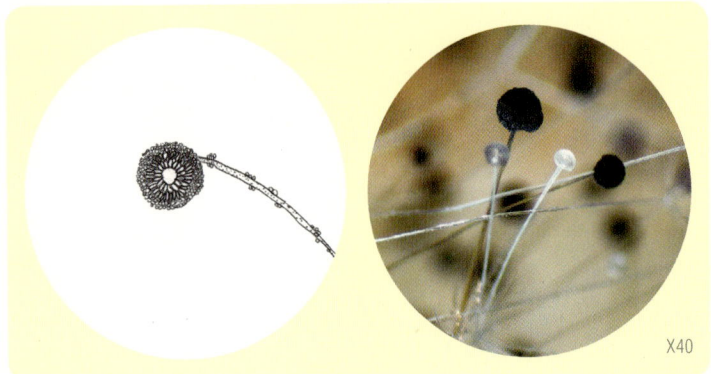
검은곰팡이

푸른곰팡이는 말 그대로 푸른색이야. 균사 끝에는 포자가 붙어 있는데, 그 모습이 꼭 사람 손 같아. 또 푸른곰팡이는 세포와 세포 사이의 칸막이가 뚜렷하게 보여. 하지만 검은곰팡이와 털곰팡이는 세포와 세포 사이의 칸막이가 안 보이지. 이렇게 곰팡이도 종류에 따라 균사의 얼개, 포자가 붙는 법 등이 같지 않고 모두 달라. 또 곰팡이 포자들을 관찰하다

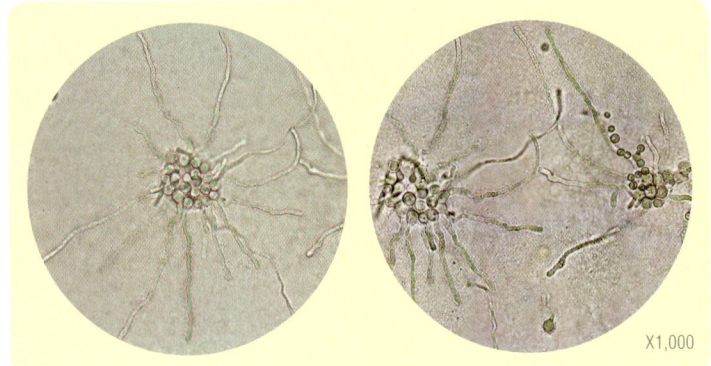
푸른곰팡이의 포자에서 균사가 자라는 모습

보면 포자가 발아해서 균사가 길게 뻗은 모습을 관찰할 수도 있어.

쇠뜨기 포자

이제 쇠뜨기 포자를 관찰해 볼 거야. 쇠뜨기의 줄기에는 생식 줄기와 영양 줄기가 있어. 포자를 만드는 생식 줄기는 봄에 생겨. 그래서 쇠뜨기 포자를 관찰하려면 봄에 관찰해야 해. 쇠뜨기 포자의 생식 줄기는 꼭 뱀의 머리 같이 생겼다고해서 이름이 '뱀밥'이야. 징그럽지? 그런데 이름만 그렇지 실제 모양은 참 귀엽게 생겼어. 일본에서는 아이들이 잘 가지고 놀아. 생식 줄기에서 포자가 나와 흩어지고 나면 생식 줄기는 시들고 영양 줄기가 자라는데, 이 줄기는 평범한 풀 같이 생겼어. 이 영양 줄기를 소가 잘 뜯어먹는다고 해서 '쇠뜨기'라고 부르지.

자, 이제 뱀밥을 관찰해 볼까? 뱀밥의 머리 부분을 슬라이드 글라스에 털면 포자가 많이 떨어져 나와. 이것을 커버 글라스로 덮지 말고 그대로 저배율로 관찰하면 돼.

뱀밥 포자는 둥근 모양을 하고 있지. 그런데 둥근 포자에 가느다

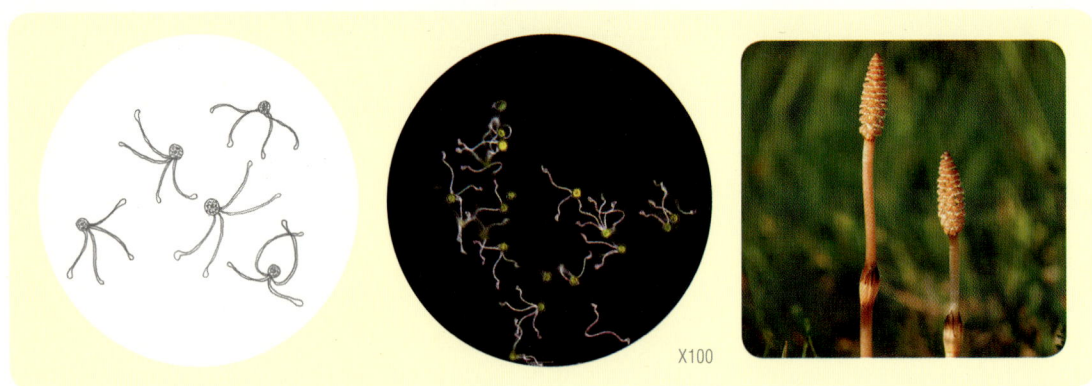

뱀밥에서 만들어지는 포자

란 실이 네 가닥씩 붙어 있어. 이 실을 '탄사'라고 불러. 재미있는 것은 탄사가 건조해지면 펴지고 축축한 곳에 있으면 살짝 말린다는 거야. 그래서 프레파라트를 물로 봉하고 커버 글라스를 덮으면 안 되는 거야. 참 신기하고 재미있는 식물이지?

아하! 그렇구나

세균을 터트리는 물질

1300년대에 유럽에서는 흑사병으로 당시 유럽 인구의 3분의 1에 해당하는 사람들이 죽었습니다. 정말 무서운 돌림병이었지요. 이 병은 쥐의 몸에 살고 있다가 벼룩을 통해 사람에게 옮아가는 페스트균 때문이었습니다.

비단 페스트균뿐만 아닙니다. 수많은 세균 중에서 페스트균처럼 병의 원인이 되는 세균을 병원균이라고 합니다. 인류는 그동안 수많은 병원균에 의해 병을 얻고 목숨을 잃었습니다. 병원균에 속수무책이었지요. 핏속에 백혈구가 있어 병원균을 죽인다 해도 병원균이 너무 많이 증식하면 백혈구도 소용없습니다.

1929년에 이르러서야 비로소 이런 병원균을 무찌를 획기적인 방법이 등장했습니다. 영국의 과학자 알렉산더 플레밍이 곰팡이에서 발견했지요. 바로 항생제였습니다. 이 최초의 항생제가 바로 '페니실린'입니다. 이 고마운 페니실린은 어떻게 해서 병원균 같은 세균들을 무찌르는 것일까요? 페니실린은 세균의 세포벽을 파괴합니다. 그러면 세포 속의 내용물이 밖으로 터져 나와 세균이 죽는 것이지요. 1929년 이후 지금까지 페니실린 말고도 더욱 효과 좋은 항생제가 많이 개발되었습니다. 그리고 지금도 수많은 과학자와 의사가 더 좋은 항생제를 개발하기 위해 노력하고 있습니다. 왜냐하면 항생제에 내성이 생긴 강력한 병원균이 자꾸 발견되고 있기 때문입니다.

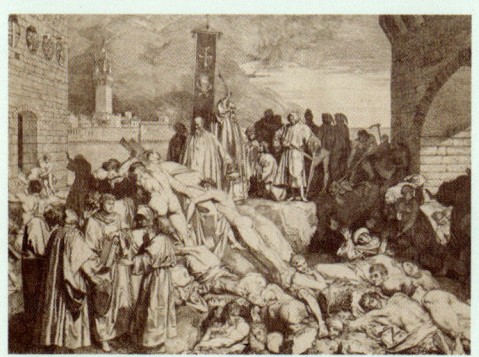

흑사병 1300년대에 '페스트'라는 병원균은 전 유럽에 퍼져 당시 유럽 인구의 3분의 1에 해당하는 사람들의 목숨을 앗아갔다.

페니실린 개발에 이용된 삼각플라스크와 시험관 페니실린의 발견으로 항생제 개발이 활발해졌다.

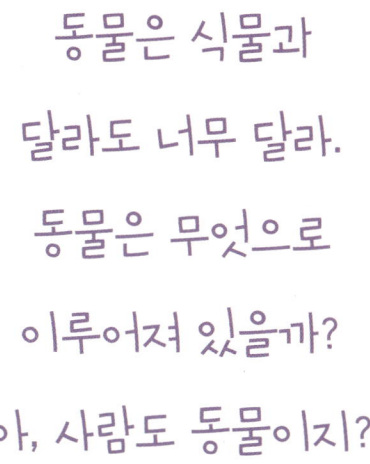

동물은 식물과
달라도 너무 달라.
동물은 무엇으로
이루어져 있을까?
아, 사람도 동물이지?

1
동물의 세포도 봐야지

'동물의 체세포' 하면, 사람의 입안 상피세포를 관찰해 본 것 기억 나지? 그런데 입안 상피세포를 떼어 내는 것은 쉬운데, 살아 있는 동물에서 특정 부위의 세포를 떼어 낸다는 것이 나에게는 어려운 문제였어. 그래서 골똘히 궁리했지.

사람의 혈액

먼저 동물세포 중에서도 비교적 관찰하기 쉬운, 사람의 혈액을 관찰해 볼 거야. 사람의 혈액을 관찰하면 적혈구와 백혈구, 혈소판 등을 볼 수 있어. 사람의 피를 관찰하려면 피를 채취해야 돼. 바늘로 손가락이나 귓불을 찔러서 혈액을 조금 짜내. 찌르기 전에 귓불이나 손가락을 문질러서 피가 잘 나오도록 만들고 알코올 솜으로 소독을 해. 바늘을 소독하는 것도 잊지 말고. 말은 쉬운데, 막상 바늘로 살을 찌르려니 망설여지더라고. 나는 결국 내 손을 못 찌르고 아버지 손을 대신 찔러서 관찰했어. 친구들은 자기 손을 스스로 찌를 수 있을까?

혈액을 슬라이드 글라스에 한 방울 떨어뜨리고 커버 글라스를 덮고 관찰하면 돼. 방법은 비교적 간단한데, 프레파라트를 만든 후 빠른 시간 안에 관찰을 해야 해. 시간이 지나면 혈액이 굳어서 잘 안 보이게 되거든.

피는 혈구와 혈장으로 되어 있어. 혈구에는 적혈구, 백혈구, 혈소판이 있지. 혈액을 우선 100배 정도로 관찰해 봐. 그러면 깨알 같이 둥근 모양을 한 것이 엄청 많이 보일 거야. 이것을 1,000배로

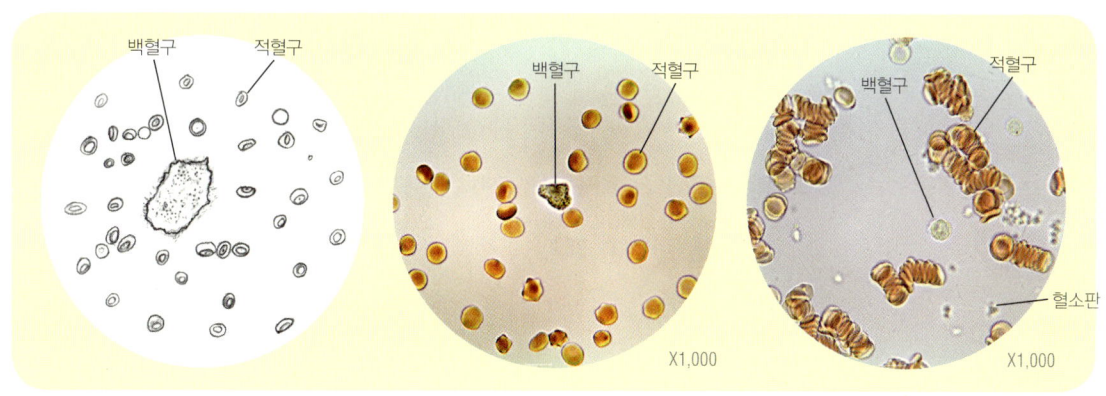

사람의 혈액

확대해서 보면 가운데 부분이 움푹 들어간 것이 꼭 접시 같이 생겼다는 것을 알 수 있어. 이것이 바로 적혈구야.

적혈구를 보면 붉은색이야. 적혈구는 다른 혈구에 비해 철분이 많지. 이 철분이 산소를 만나 산화되어서 피가 붉은색으로 보이는 거야. 적혈구는 허파에서 산소를 받아 우리 몸의 세포에 산소를 공급하는 역할을 해. 그리고 각 세포가 산소를 소비하고 내놓은 노폐물인 이산화탄소를 다시 허파로 보내는 일도 맡고 있어. 허파는 이산화탄소를 바깥으로 내보내지.

적혈구는 움푹 파인 접시 모양이어서 산소와 접촉할 수 있는 표면적이 넓어. 그래서 산소를 조금이라도 더 실어 나를 수 있지. 또 포유류의 적혈구에는 핵이 없어서 적혈구 스스로가 소비하는 산소량이 매우 적어. 그렇기 때문에 운반하는 산소 대부분을 몸 구석구석의 세포로 보낼 수 있어. 적혈구는 유연해서 통로가 좁은 혈관도 통과해 돌아다닐 수 있지. 그런데 나는 책을 읽으면서 '이렇게 핵이 없는 적혈구도 세포로 볼 수 있을까?' 하는 의문이 들더라고. 친구들은 어떻게 생각해? 적혈구는 우리 몸의 뼛속에서 만들어지고 약 100~105일 정도 살아. 수명이 다 된 적혈구는 간과 지라에서 파괴되어 죽게 돼.

이제 백혈구를 관찰해 보자. 백혈구는 투명해서 관찰하기 어려워. 자세하게 관찰하고 싶은 친구는 메틸렌블루 등으로 염색을 해 봐. 혈액을 관찰하다 보면 적혈구보다 큰, 투명한 덩어리를 관찰할 수 있을 거야. 이것이 바로 백혈구야. 백혈구는 일정한 모양이 없고 자유자재로 모양을 바꾼다는 것을 알 수 있어.

백혈구는 혈액과 조직에서 이물질이나 세균을 공격해서 우리 몸을 보호하는 아주 중요한 일을 하고 있어. 넘어져서 우리 몸에 상처가 나면 그 부위에 고름이 생기는 경우가 있어. 상처가 나서 세균이 우리 몸에 침입하면 백혈구가 가서 세균과 싸우지. 백혈구는 세균을 잡아먹은 뒤 죽어 버려. 이 죽은 백혈구가 바로 고름이야. 백혈구의 수명은 9~10일 정도야. 백혈구도 여러 종류가 있는데, 종류마다 하는 일이 조금씩 달라. 세균을 삼키거나 소화시키는 백혈구가 있는가 하면, 퇴화된 적혈구를 삼키는 백혈구도 있어.

이번에는 혈소판을 관찰해 보자. 혈소판은 꼭 별 모양을 하고 있어. 크기는 아주 작아서 적혈구의 4분의 1 정도밖에 안 되지. 그래서 관찰하려면 400배 이상으로 봐야 볼 수 있어. 해상도가 좋은 현미경이 아니면 보기 힘들지. 혈소판은 상처 난 곳에 응고되어 혈액이 밖으로 못 나가게 막는 역할을 해. 혈소판이 없다면 우리는 조그만 상처가 나도 출혈이 멈추지 않을 거야. 혈소판은 이렇게 상처 난 곳을 막으면서 죽게 되는데, 우리는 이것을 '딱지 앉는다.'고 하지. 혈소판은 약 10일 정도 산다고 해.

사슴과 개구리의 혈액도 사람의 것과 같을까

어느 날 할아버지께서 한약으로 녹용을 조금 사오셨어. 녹용은 사슴의 뿔을 말해. 사슴의 뿔을 만져 보니 표면이 약간 물렁물렁했어. 아주 딱딱할 줄 알았는데 뜻밖이었어. 털도 있었고. 녹용의 끝에 사슴의 피가 조금 묻어 있었어. 뿔 속 중심에는 뼈가 있어서 혈액을 만들어 내니 당연한 거겠지? 그 혈액을 조금 가져다 얼른 현미경으로 관찰했어.

사슴의 혈액은 사람의 혈액과 똑같이 붉은색이야. 그런데 혈구의 모양은 완전히 달랐어. 사람의 적혈구는 둥근 원반 모양인데, 사슴의 적혈구는 끝이 날카로운 납작한 다이아몬드형이라고 해야 할까? 동물의 피나 사람의 피나 같을 줄 알았는데, 이렇게 큰 차이가 있다니, 정말 신기했어.

나는 학교 특별활동 시간에 생물 실험을 하면서 개구리의 혈액도 관찰해 봤어.

개구리의 적혈구도 사람의 적혈구와 크게 달랐어. 우선 개구리의 적혈구는 매우 컸어. 거의 사람 적혈구의 세 배 크기였지. 그리고 사람의 혈구는 완전한 원형에 가까웠는데, 개구리의 혈구는 타원형이었어. 하지만 무엇보다 가장 크게 다른 점은 개구리의 적혈구에 핵이 있다는 거야. 사람의 적혈구는 에너지 소비를 줄이기 위해 핵이 없고 움푹 파여 표면적을 늘리는 효율적인 구조인데 말야. 개구리의 적혈구는 크기도 크고 핵도 있으니 비효율적인 혈구인가?

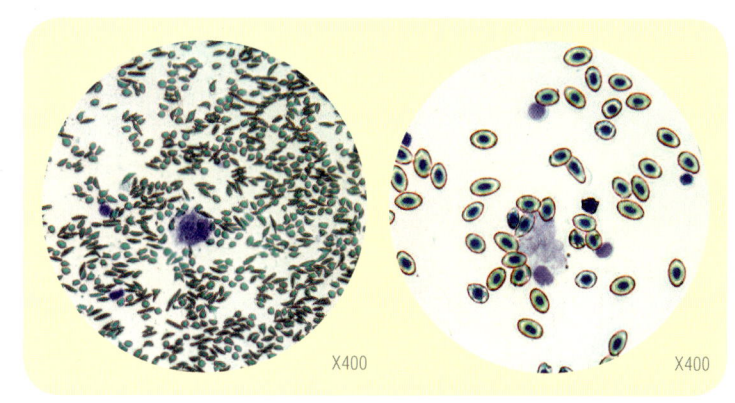

사슴(왼쪽)과 개구리(오른쪽)의 혈액. 메틸렌블루로 염색해 파랗게 보인다.

소의 근육세포와 삼겹살의 지방세포

또 어떤 동물의 체세포를 관찰할 수 있을까? 궁리 끝에 냉장고를

소고기에서 **근육세포 채취하기**

뒤졌지. 냉장고 안에 있는 소고기에서 근육세포를 볼 수 있지 않을까 해서. 우리가 먹는 소고기는 근육 부분이기 때문에 소의 근육을 관찰한다고 생각하면 돼. 재료만 구하면 아주 쉽게 세포를 관찰할 수 있어.

소고기를 칼이나 핀셋 같은 것으로 살짝 긁어. 그러면 칼 끝에 뭔가 묻어 있는 것을 볼 수 있어. 이것을 슬라이드 글라스에 놓고 펴 줘. 뭉쳐 있으면 세포를 잘 관찰할 수 없기 때문에 펴 줘야 해. 꼭 입안 점막 세포를 관찰하는 방법과 비슷하지? 그러고 나서 메틸렌블루로 염색하고 커버 글라스를 덮고 보면 돼.

소의 근육세포를 보면 기다란 직사각형 모양을 하고 있다는 것을 알 수 있어. 어떤 것은 핵이 보이기도 해. 뭉쳐 있는 것도 자세하게

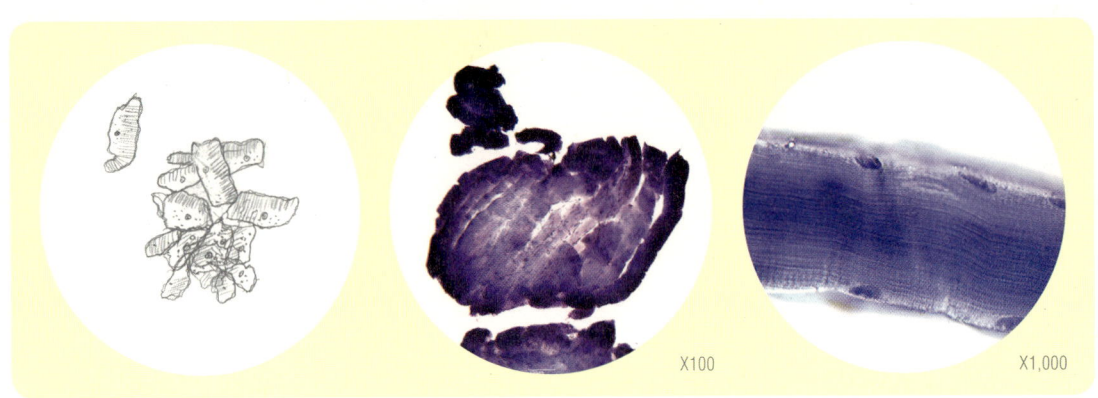

소의 근육세포

보면 직사각형 모양의 세포가 낙엽처럼 여러 겹으로 겹쳐져 있다는 것을 알 수 있어. 또 자세하게 관찰하면 세포에 줄무늬 같은 것도 관찰할 수 있어. 이 줄무늬가 수축했다 늘어났다 하면서 근육이 움직이는 거래.

마침 냉장고에는 삼겹살도 있었어. 집에서 구워 먹으려고 아버지께서 사오셨지. 삼겹살의 하얀 비곗살을 보는 순간, 현미경으로 보고 싶어졌어.

지방세포는 살찐 돼지처럼 뚱뚱한 모양이었어. 뚱뚱하다 못해 공 같았어. 세포막에 둘러싸여 있고 그 안은 기름으로 가득 차 있는 듯한데, 그래도 메틸렌블루에 염색된 핵이 또렷이 보이는 게 세포는 세포야. 세포 옆의 동그란 공 같은 것은 기름과 물이 섞이지 않

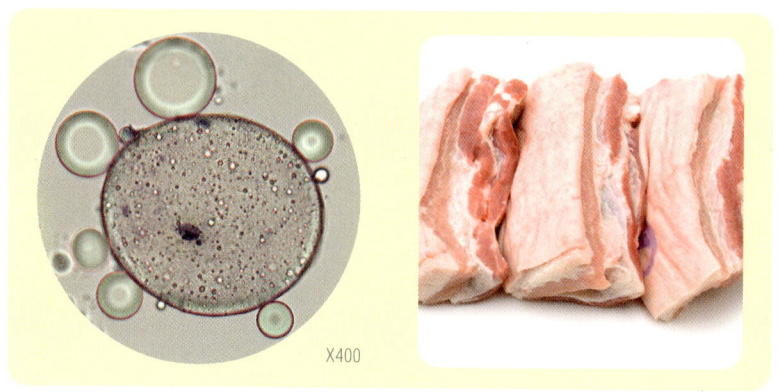

돼지의 지방세포

아서 보이는 기름방울이야.

동물의 세포를 긁어서 세포를 관찰하는 방법을 쓰면 내가 본 것보다 더 많은 동물의 세포를 관찰할 수 있을 거야. 친구들도 소나 돼지의 세포 말고 다른 것들도 현미경으로 관찰해 보면 좋을 것 같아.

아하! 그렇구나

푸른색의 피

우리 몸에 흐르는 피는 많은 물질을 몸 구석구석으로 운반합니다. 산소와 영양소, 호르몬을 운반하고, 노폐물도 운반합니다. 특히 우리 몸의 세포는 산소를 많이 소비하기 때문에 혈액이 산소를 빨리빨리 운반해 주어야 합니다. 산소의 운반이 중단되거나 줄어들면 사람은 몇 분 이내에 죽습니다. 이 산소를 운반하는 역할을 적혈구가 합니다. 그래서 혈액 속에는 산소를 운반하는 적혈구가 아주 많습니다.

적혈구 속에는 헤모글로빈이라는 단백질이 들어 있는데, 이 헤모글로빈 덕분에 많은 산소를 운반할 수 있는 것입니다. 헤모글로빈 속에는 철 성분이 많이 들어 있습니다. 그래서 헤모글로빈에 산소가 닿으면 철이 녹스는 것처럼 산화되어서 붉은색을 띠게 되죠. 그래서 피가 붉게 보이는 겁니다.

모든 피가 붉은 것은 아닙니다. 게나 가재 같은 갑각류, 몇몇 연체동물은 헤모글로빈 대신 헤모시아닌을 가지고 있습니다. 헤모시아닌에는 구리 성분이 들어 있습니다. 구리는 산화되면 파랗게 녹이 슬지요. 마찬가지로, 구리 성분이 들어 있는 헤모시아닌이 산소와 결합하기 때문에 가재는 피가 파랗게 보입니다. 또 헤모시아닌은 혈구에 들어 있지 않고 혈장에 녹아 있습니다.

곤충의 핏속에는 혈장에 다양한 색소가 녹아 있습니다. 그래서 녹색으로 보이는 곤충도 있고, 울긋불긋한 색을 띤 곤충도 있는 것입니다.

푸른 피를 가진 투구게

② 곤충에 숨겨진 비밀

식물을 채집하려고 수풀을 헤치며 돌아다니다 보면 종종 곤충을 만나게 돼. 운 좋게 나뭇잎에 낳은 나비의 알을 발견할 수도 있어. 나는 운이 좋았어!

호랑나비의 날개

나는 일본에서 호랑나비를 알에서부터 나비가 될 때까지 키운 적이 있어. 일본에서 살 때, 집 근처에 탱자나무가 있었는데 호랑나비가 자주 와서 알을 낳고 갔어. 나는 호랑나비를 키우고 싶어서 알을 집으로 가져가서 키우게 됐어.

알은 약 1밀리미터 되는 둥근 모양이고 노란색을 하고 있는데, 며

● **탱자나무**
중국이 원산지인 높이 3미터가량 되는 나무. 5월에 꽃이 먼저 피고, 꽃이 지면 윤기 있는 잎이 나온다. 이 잎에 호랑나비가 알을 낳는다. 귤나무 잎과 비슷하고 가시가 있다.

칠이 지나 알이 진한 색으로 변하더니 애벌레가 태어났어. 처음 태어난 1령 애벌레는 노란색을 하고 있는데 크기가 알과 비슷해. 그래서 애벌레를 알로 착각하기도 했어. 그런데 하룻밤을 자고 나니 노란색 애벌레가 검은색이 되어 있었어. 내가 잠자는 사이에 허물을 벗고 2령 애벌레가 된 거야. 2령 애벌레가 되니 잎도 많이 먹고 크기도 커졌어. 이렇게 허물을 벗다 4령 애벌레가 되니까 몸집은 더욱 커지고 색깔은 초록색이 됐어.

아버지와 함께 만든 호랑나비 애벌레의 집

애벌레의 이마 부분을 건드릴 때 빨간색 뿔을 내미는데, 이상한 냄새가 났어. 책에서 찾아보니 이 뿔을 이용해서 천적으로부터 방어한다고 나와 있었어. 뿔을 내미는 모습이 너무 귀여웠어.

또 잎을 얼마나 잘 먹는지 하루에 열 장 정도를 먹어 치워. 앞다리로 잎을 잡고 사각사각 먹는 모습이 얼마나 귀여운지 몰라. 밤에 조용할 때 귀 기울이고 있으면 사각사각 나뭇잎 먹는 소리가 굉장히 크게 들려. 하루 종일 잘 먹어서인지 1밀리미터 정도 밖에 안 되던 놈이 이제 5센티미터 정도로 컸어. 또 등에 눈 같은 것이 생겼는데 이것은 눈이 아니고 천적으로부터 방어하기 위한 무늬라고 책에 나와 있었어.

번데기가 되는 과정

이렇게 잘 먹던 애벌레가 어느 날 갑자기 활동이 줄고 잘 먹지도 않았어. 나는 병에 걸린 것이 아닌가 하고 걱정했는데, 알고 보니 번데기가 되려고 준비하는 거였어. 애벌레가 나뭇가지 위로 기어가더니 입에서 나오는 실로 나무에다 고리를 만들어 붙이는 거야. 한참을 튼튼하게 만든 후에 고리 속으로 몸을 집어넣더니 몸을 뒤로 젖혀 고정시키고 천천히 번데기로 변해 갔어. 정말 혼자 보기 아까운 신기한 장면이었지.

나비는 번데기 상태로 10일 정도 있다가 우화●했어. 껍질을 뚫고 나오는 모습이 정말 아름다웠어. 나비는 날개가 펴지자 방안을 이리저리 날아다녔지. 내가 정성스럽게 기른 나비가 날아다니는 모습을 보고 있으니 뿌듯했어.

그런데 모든 애벌레가 나비가 되지는 않았어. 어떤 놈은 번데기에서 못 나와 죽었고, 어떤 애벌레는 기생벌의 먹이가 되어 버렸어. 곤충에 관심이 있는 친구는 꼭 키워 봐. 나는 배추흰나비도 키워 봤는데, 배추흰나비보다 호랑나비가 훨씬 귀엽고 정도 많이 가고 변화도 뚜렷해서 재미있었어.

한번은 내가 키운 호랑나비의 날개를 잡았더니 손에 가루가 많이 묻었어. 이 가루는 나비의 날개에 붙어 있는 비늘인데, 어떤 모양인지 현미경으로 관찰해 봤지. 관찰해 보니 비늘의 모양이 다양했어. 비늘 모양은 색깔에 따라 달랐어. 검은색이나 빨간색, 노란색 부분은 꼭 오리발처럼 생겼어. 연한 푸른색을 띠는 비늘은 꼭 쌀 같은 모양이야. 또 어떤 것은 길쭉한 모양이었어.

비늘이 날개에 붙어 있는 모습을 관찰하고 싶은 친구는 나비 날개를 떼어서 재물대에 올려놓고 낙사 조명으로 관찰해 봐. 이때는 저배율로 관찰해야 돼. 꼭 모자이크로 그림을 그린 것 같이 보일 거야. 신기하지?

● 우화
번데기에서 날개 달린 성충이 나오는 것.

호랑나비의 우화

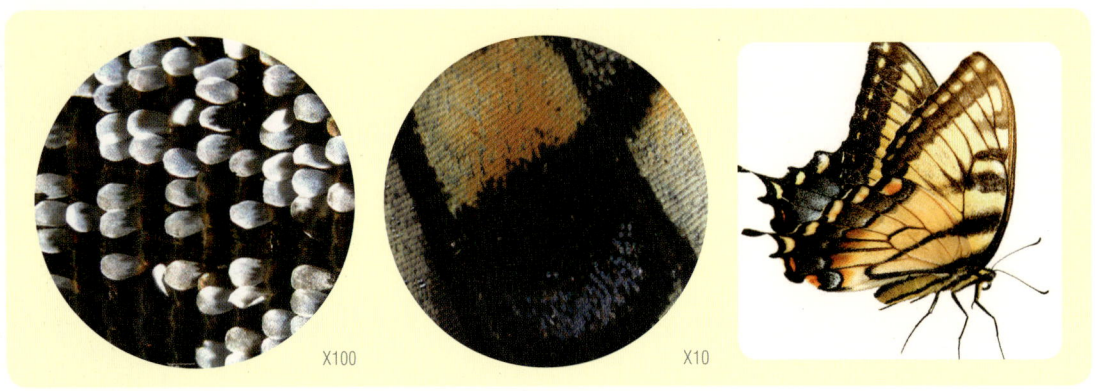

호랑나비의 날개 비늘

잠자리의 날개

잠자리 날개를 보면 나비처럼 비늘 같은 것도 없고 투명해. '저 날개의 투명함 속에는 무엇이 있을까?' 나는 궁금증을 풀기 위해 현미경으로 잠자리 날개를 보았어. 잠자리를 잡은 다음 날개 모서리 부분을 조금 잘랐어. 그리고 슬라이드 글라스에 놓고 그 위에다

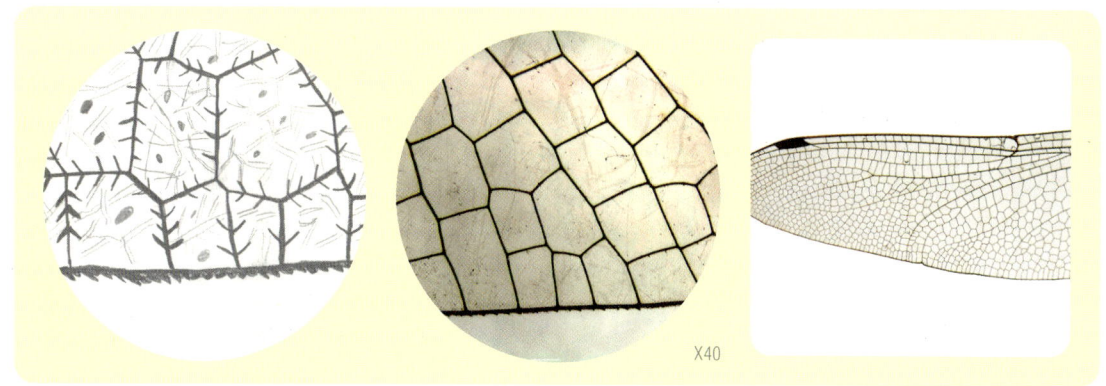

잠자리의 날개

또 슬라이드 글라스를 덮고 현미경으로 봤어. 날개에 주름이 많아 평평하지 않기 때문에 가벼운 커버 글라스 대신 묵직한 슬라이드 글라스로 눌러 줘서 날개를 평평하게 펴 줘야 잘 관찰할 수 있어. 그런데 슬라이드 글라스로 덮으면 긴 고배율 렌즈로 볼 수 없다는 것은 명심해 둬.

눈으로 보면 그냥 투명한 날개 속에 가는 선 같은 것이 보이지? 나는 제일 먼저 이 선 같은 것을 관찰해 봤어. 그랬더니 선에 가시 같은 것이 보였어. 날개 모서리에도 가시 같은 것이 돋아 있었어. 잠자리 날개를 만져 보면 꺼칠꺼칠하잖아. 아마 날개에 있는 이 가시 때문에 그런 것 같아.

친구들도 잠자리 날개를 한번 관찰해 봐. 투명해서 아무것도 없는 것 같지만 그 속에는 아주 재미있는 것이 숨어 있어.

잠자리의 눈

● **갑각류**
절지동물에 속하며, 몸이 많은 마디로 되어 있다. 대체로 물에서 살며 아가미로 숨을 쉰다. 여러 차례 탈피를 하며 성장한다. 게, 가재, 새우 등이 여기에 속한다.

● **절지동물**
몸이 여러 개의 둥근 마디로 이루어진 작은 동물. 보통 머리, 가슴, 배 세 부분으로 나뉘며 겉껍질이 단단하다.

잠자리, 파리, 나비 등 곤충의 눈은 대부분 겹눈이야. 겹눈은 곤충이나 갑각류● 등의 절지동물●에서만 볼 수 있는 눈이야. 특히 곤충에 많이 발달되어 있지. 겹눈은 낱눈이 빽빽이 모여 있는 모습이야. 낱눈은 어둠과 밝음을 구분할 수 있다고 해.

곤충의 겹눈을 직접 관찰해 보자. 먼저 파리, 잠자리, 나비 같이 겹눈을 가지고 있는 곤충을 잡아. 크기가 너무 크면 관찰하기 어렵기 때문에 적당한 놈으로 골라야 해. 잠자리나 나비가 보기 쉬워. 나는 잠자리를 관찰했어. 잡은 것을 재물대에 올려놓고 위에서 빛을 비추는 낙사조명법을 이용해서 저배율로 관찰하면 돼. 물론 관찰하기 전에 죽이거나 기절시켜야겠지? 운 좋게 죽은 잠자리를 발견한다면 더욱 좋을 거야.

잠자리 눈을 현미경으로 보면 벌집처럼 육각형 모양을 한

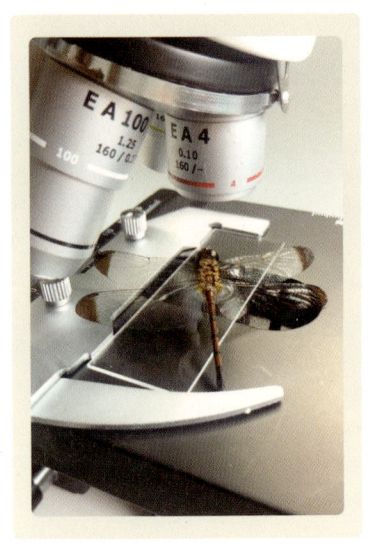

잠자리의 겹눈 관찰법

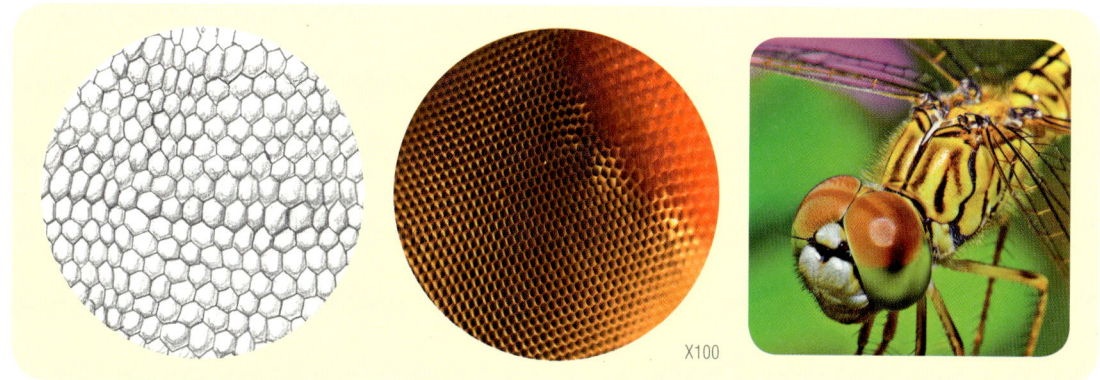

X100

잠자리의 겹눈

것이 보일거야. 육각형 모양 하나가 바로 낱눈이야. 이 낱눈이 빽빽이 모여서 겹눈이 되는 거야. 잠자리는 이렇게 많은 눈으로 세상을 보다니 참 신기하지? 그런데 겹눈은 사람 눈처럼 뚜렷하게 상이 맺힌 정확한 모습은 볼 수 없대. 마치 텔레비전 화면에 모자이크 처리한 것처럼만 볼 수 있다고 해.

진딧물의 입

할아버지 농장에 갔을 때인데, 농장의 채소 줄기가 새까맣게 변해 있는 것을 발견했어. 가까이 가서 보니 진딧물이 빽빽하게 달라붙어 있지 뭐야. 처음엔 좀 징그러워 보였지만, 진딧물이 어떻게 생겼는지 호기심이 생겼어. 그래서 진딧물 한 마리를 잡아 머리 부분을 현미경으로 관찰했어. 진딧물은 식물의 수액을 빨아먹으며 살아. 진딧물의 입을 보면 식물의 수액을 빨아들이기에 아주 적합한 구조를 하고 있어. 딱딱하고 견고해 보이는 긴 입은 식물의 줄기에 찌르기 좋게 끝이 뾰족하게 되어 있고, 수액을 빨아먹을 수 있는 관이 뚫려 있어. 진딧물은 이 단단한 입을 90도 꺾어 배쪽에 딱 붙여 보관하지.

진딧물은 작아도 엄연히 매미목의 곤충이라고 해. 하지만 진딧물은 식물의 수액을 지나치게 많이 빨아먹어서 식물을 고사시키는 해충이야. 요즘엔 중국에서 들어온 꽃매미들이 나무를 말려 죽인다고 해. 진딧물은 무당벌레라는 천적이라도 있지만, 이 꽃매미들은 어떻게 하나?

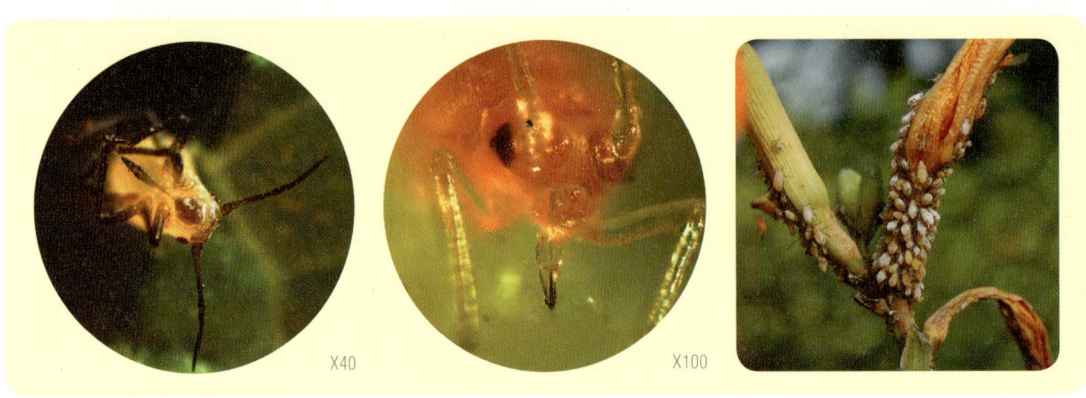

진딧물의 입

! 아하! 그렇구나

전자 현미경

우리가 일반적으로 사용하고 있는 현미경은 광학 현미경입니다. 광학 현미경은 렌즈로 빛을 굴절시켜 사물을 크게 보이도록 합니다. 하지만 가시광선의 한계 때문에 대부분의 광학 현미경은 1,000배 이상의 배율로는 관찰하기 힘듭니다. 그렇다면 더 작은 것은 무엇으로 볼 수 있을까요?

바로 전자 현미경입니다. 전자 현미경은 광학 현미경보다 훨씬 더 높은 배율로 관찰 재료를 확대할 수 있습니다. 전자 현미경으로는 50만 배 이상으로 확대할 수 있으며, 기술이 발달함에 따라 그 해상력이 점점 높아지고 있습니다. 대단하지요? 게다가 입체적으로 보입니다.

전자 현미경은 빛을 이용하지 않습니다. 빛 대신에 전자를 관찰 재료에 쏘아서 관찰하는 방식입니다. 전자는 사람 눈에 보이지 않습니다. 그래서 관찰 재료를 통과한 전자는 전자 렌즈(전자기장 이용)에 의해 확대되어 상을 만들고, 우리는 그것을 컴퓨터의 모니터로 보는 겁니다. 이런 전자 현미경은 크기도 크고 가격도 상당히 비싸 대학교나 연구소 등에서 구입해 공동으로 사용하지요.

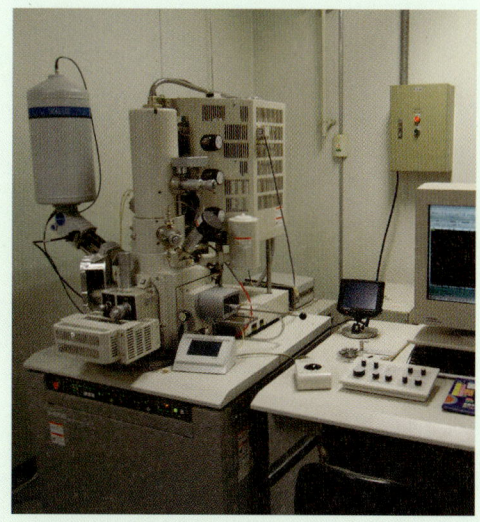 

주사 전자 현미경 시료에 전자 빔을 쪼이고 나서 발생하는 이차 전자, 반사 전자 등을 분석·확대하여 상을 얻는다. 관찰 대상의 표면에 전자를 쪼인다는 점에서 '낙사조명'을 이용하는 실체 현미경과 흡사하다. 실체 현미경처럼 물체의 표면을 입체적으로 관찰할 수 있다.

투과 전자 현미경 시료에 전자 빔을 통과시키고, 산란된 전자 빔을 전자 렌즈로 확대하여 상을 얻는다. 역시 가시광선 대신에 전자를 사용한다는 점이 다르지만 프레파라트에 빛을 투과시키는 생물 현미경의 원리와 흡사하다.

③ 물고기는 어떻게 생겼을까?

나는 집에서 물고기를 키우고 있어. 그런데 어느 날 어항을 보니 작은 열대어 한 마리가 병에 걸렸는지 거의 죽어 가고 있었어. 죽어 가는 열대어가 불쌍하기도 했지만, 책에서 물고기의 지느러미와 아가미 그림을 본 일이 떠올랐고 직접 확인하고픈 생각이 들었어. 그래서 어항에서 물고기를 꺼냈는데, 꺼내자마자 힘없이 죽어 버리더군.

꼬리지느러미

물고기의 지느러미나 비늘 등을 관찰하려고 할 땐 되도록 작은 물고기로 하는 것이 좋아. 붕어나 잉어 같이 큰 물고기는 지느러미나 비늘이 현미경으로 관찰하기에는 너무 크거든. 열대어 중에서도 2~3센티미터 이하의 것으로 선택하는 것이 좋아. 나는 꼬리지느러미를 관찰하기 적당한 크기로 잘라서 프레파라트를 만들었어. 지느러미의 끝부분이 얇고 투명해서 관찰하기가 쉬워. 자, 이제 물고기의 각 부분을 살펴볼까?

지느러미를 현미경으로 보니 지느러미뼈의 모습이 잘 보였어. 대나무처럼 마디가 보이더라고. 또 지느러미뼈와 뼈 사이에는 오리발의 물갈퀴처럼 투명한 막이 있는데, 프레파라트를 조금 움직이니 아직 피가 굳지 않았는지 적혈구가 물의 움직임에 따라 조금씩 움직이는 것도 관찰할 수 있었어.

구피● 같이 아주 작은 물고기는 얼음물 속에 5분 정도 넣어서 기절시킨 후 살아 있는 채로 슬라이드 글라스에 투명 테이프로 고정

●구피
작고 꼬리가 아름다운 난태생 열대어. 알을 어미가 뱃속에 품고 부화시켜 새끼를 낳는다. 꼬리가 커서 꼬리 지느러미를 관찰하기에 적합하다.

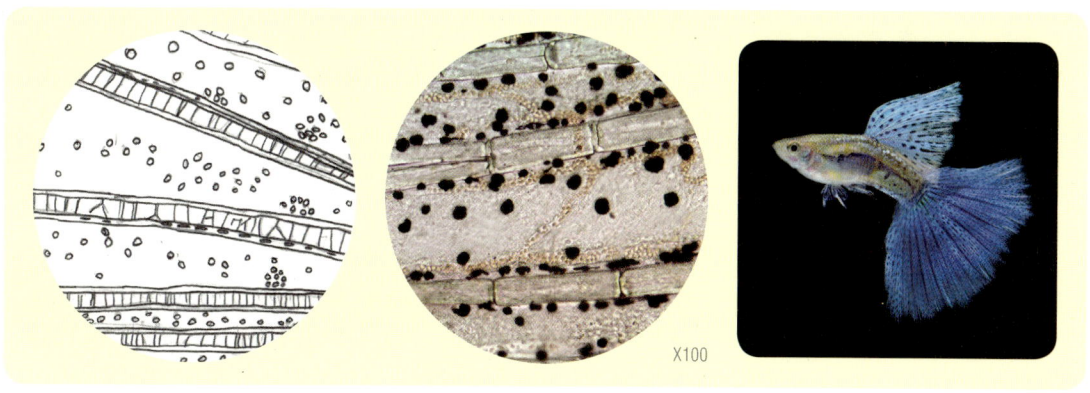

구피의 꼬리 지느러미

하고 꼬리지느러미를 관찰하면 꼬리지느러미의 혈관에 적혈구가 이동하는 모습을 관찰할 수 있다고 하더군. 나 역시 구피를 기르고 있었지만 건강하게 살아 있는 걸 그렇게까지 하고 싶지는 않아서 해보진 않았어.

물고기 비늘

다음으로는 물고기의 비늘을 관찰했어. 핀셋으로 비늘을 한 개만 뽑아서 슬라이드 글라스에 놓고 물을 한 방울 떨어뜨린 뒤, 커버 글라스를 덮고 관찰하면 돼. 만약 큰 물고기의 비늘을 관찰한다면 비늘이 너무 두꺼워 커버 글라스를 덮을 수 없을 거야. 그래서 작은 물고기를 선택하는 것이 좋아. 나는 블루구라미●를 관찰했어.

● 블루구라미
아나반티드 과의 온순하고 아름다운 열대어.

비늘에는 가는 금이 많이 가 있는데, 그 모양이 꼭 사람의 지문 같아. 식물의 나이테처럼 이 줄을 조사하면 물고기의 나이를 알 수 있어. 또 살에 박혀 있는 부분은 가장자리가 밋밋하게 생긴 반면, 반대쪽 끝 부분에는 날카로운 가시고 돋아 있었어. 아주 순하고 아름다운 열대어 블루구라미였는데, 비늘 끝에 이렇게 날카로운 가시를 숨기고 있었다니……. 어류 도감을 보니, 물고기의 비늘에

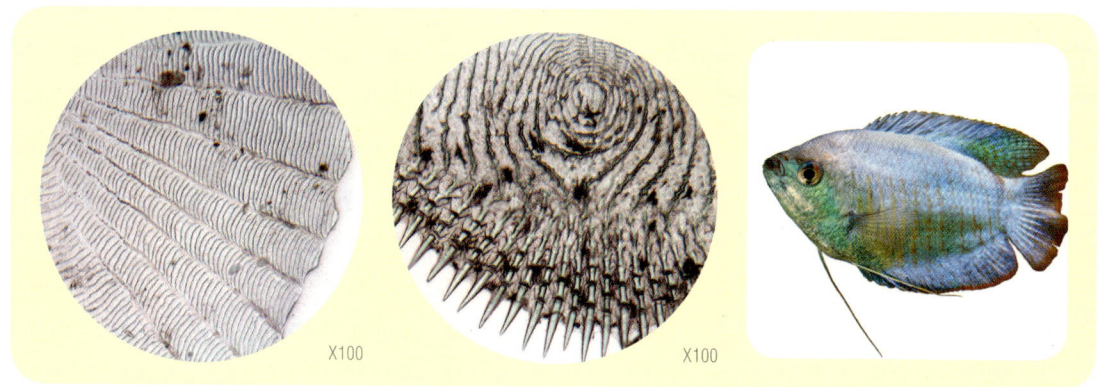

블루구라미의 비늘. 몸속에 박혀 있는 부분(왼쪽)과 끝 부분(가운데)

는 이렇게 가시가 돋아난 것도 있고, 그냥 둥근 것도 있고, 종류가 아주 많더라고. 기회가 되면 다른 물고기의 비늘도 관찰해 봐야겠어. 아주 재미있을 것 같아.

아가미

마지막으로 아가미를 관찰해 보자. 아가미를 관찰하기 위해서 물고기의 아가미 끝을 조금만 잘라내. 나는 '블랙네온테트라'라는 작은 열대어의 아가미를 관찰했어. 작은 물고기라 아가미가 작아서 잘 보이지 않기 때문에 주의를 많이 기울여야 했어. 이 아가미 끝 조각을 슬라이드 글라스 위에 놓고, 물 한 방울을 떨어뜨리고 커버 글라스를 덮어서 관찰하면 돼. 저배율로는 이 돌기를 관찰하기 어려워. 400배 이상으로 확대해서 관찰해 봐. 그러면 작은 돌기를 관찰할 수 있어.

아가미는 물고기의 호흡 기관이야. 포유류의 허파와 같은 역할을 하지. 아가미는 물이 지나갈 때, 물속의 산소와 혈액 속의 이산화 탄소를 교환해 주는 기능을 해. 아가미에는 조그만 돌기가 수없이 많이 있어서 물과 접하는 표면적이 넓어. 우리 몸에 있는 허파도 마찬가지야. 허파 속에는 '허파꽈리'라는 포도송이 모양의 자루가 많이 있어서 공기와 접하는 표면적이 넓지. 아, 그리고 아가미는 물속의 플랑크톤●을 걸러 주는 일도 하고 있어. 물고기는 그물 같이 촘촘한 아가미에 걸린 플랑크톤을 삼켜 먹어. 참 신기하지?

●플랑크톤
물속이나 물위에 떠돌며 사는 부유 미생물을 통틀어 말한다.

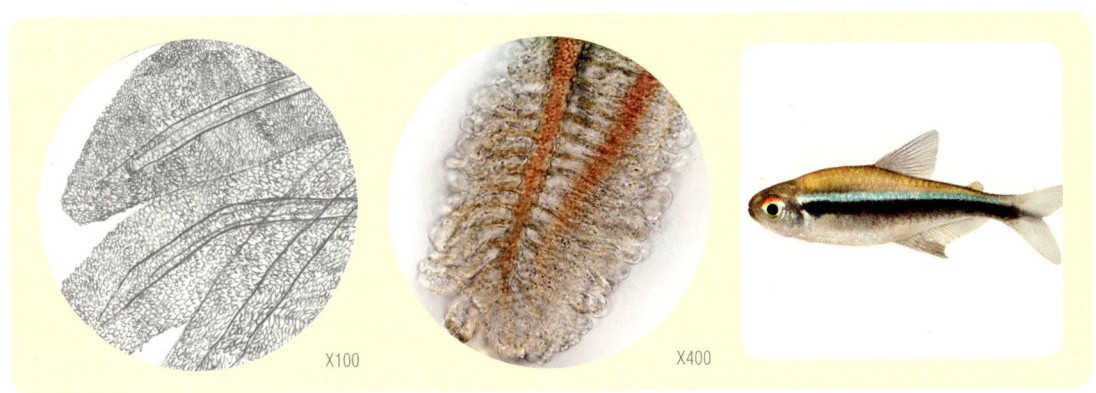

X100   X400

블랙네온테트라의 아가미

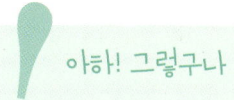

물고기의 튼튼한 갑옷

대부분의 어류는 비늘을 가지고 있습니다. 이 비늘은 피부 깊숙한 곳에서 돋아난 뼈라고 볼 수 있습니다. 이 비늘이 어류들을 포식자로부터 보호해 주지요. 또 물고기는 돌이나 수초에 자주 부딪히는데 이런 환경에서 몸을 보호해 주는 역할도 합니다. 생긴 모습도 갑옷 같은데, 하는 역할도 갑옷의 역할이네요.

비늘은 크게 네 종류로 나누어 볼 수 있습니다. 둥근비늘(원린), 빗비늘(즐린), 방패비늘(순린), 굳비늘(경린)입니다. 둥근비늘은 말 그대로 둥근 형태의 비늘입니다. 가장 보편적이고 많이 보이는 비늘이지요. 흔히 볼 수 있는 잉어의 비늘이 둥근비늘입니다. 빗비늘은 전체적인 형태는 둥근비늘과 비슷하지만 뒤쪽 끝부분에 빗처럼 생긴 날카로운 이빨이 있습니다. 규환이가 관찰한 물고기 비늘이 바로 빗비늘이군요. 제주도의 특산물인 다금바리의 비늘이 빗비늘입니다. 다음으로 상어나 가오리에서 보이는 방패비늘이 있습니다. 마치 하나의 날카로운 이빨 같은 모양입니다. 실제로도 이빨처럼 단단한 에나멜질로 되어 있다고 합니다. 역시 상어다운 비늘이 아닐 수 없습니다. 마지막으로 마름모꼴 모양의 굳비늘은 표면이 단단하고 광택이 있습니다. 철갑상어는 굳비늘을 가지고 있지요.

물고기의 비늘과는 다른 모양이지만, 몇몇 다른 동물도 비늘을 가지고 있습니다. 대부분의 파충류가 비늘을 가지고 있고, 쥐나 천산갑 같은 포유류의 일부에도 비늘이 있다고 합니다.

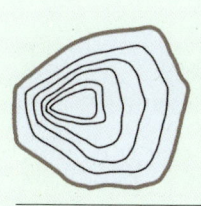

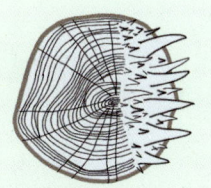
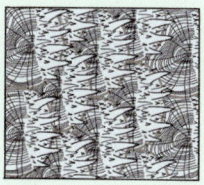

둥근비늘

빗비늘

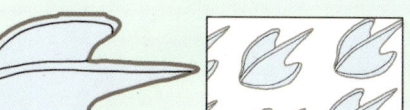
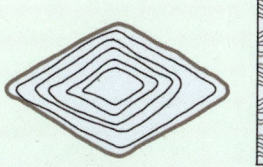

방패비늘

굳비늘

6장

할아버지 댁 농장에는 큰 연못이 있지

물속에는 많은 미생물이 살고 있어. 미생물은 조금 탁한 물에 많아. 그래서 수돗물보다는 연못물이나 저수지의 물에서 많은 미생물을 관찰할 수 있지.

1 물속 생태계를 지탱하는 조류

우리 할아버지 농장에는 할아버지께서 만드신 큰 연못이 있어. 그래서 나는 할아버지 농장의 연못물에 있는 미생물을 주로 관찰했어. 또 일본에 있을 땐 아버지 학교의 연못물도 보고, 우리 집 어항에 있는 물도 현미경으로 봤어. 물속에는 어떤 미생물들이 있을까? 궁금하지? 그럼 관찰 여행을 떠나 볼까?

조류를 채집하는 방법

물속 미생물을 관찰하기 위해서 먼저 연못이나 저수지 같은 곳에서 물을 떠와. 물에 가라앉은 낙엽이나 돌멩이 등에도 미생물이 많이 붙어 있으니까 그런 것들도 함께 담아 오는 것이 좋아. 물풀의 잎과 물이끼도 같이 가져오면 더욱 많은 미생물을 볼 수 있어.

그리고 떠 온 물을 스포이트로 빨아들인 다음 슬라이드 글라스에 한 방울 떨어뜨려. 그런 다음 커버 글라스를 덮고 관찰하면 돼. 아주 간단하지? 그런데 이렇게 하면, 프레파라트를 만들어도 미생물

할아버지 농장의 연못

농장에서의 현미경 관찰 모습

이 안 보이는 경우가 많아. 물속에 미생물이 빽빽하게 모여 사는 것이 아니라 넓게 흩어져 있기 때문에 스포이트로 빨아들인 작은 물방울 하나에 미생물이 들어 있을 확률이 낮기 때문이야. 만약에 물에 미생물이 빽빽하게 모여 살고 있다면, 그 물은 아주 심각하게 오염된 상태야. 그런 물은 주변에서 접하기도 쉽지 않지만, 혹시라도 있다면 피해야 돼. 미생물이 내뿜는 독성 물질이나 병균들로 물이 오염됐을 확률이 많거든. 되도록 환경이 양호한 연못의 물을 관찰 대상으로 삼길 바라.

양호한 환경의 물에는 미생물이 적을 수밖에 없어. 그래서 어떻게 하면 한번에 많은 미생물을 잡을 수 있을까 궁리하다가 나와 아버지가 만들어 낸 방법이 있어. 바로 '깔때기 추출법'! 물론 내가 맘대로 붙인 이름이지만 말이야.

깔때기 추출법 깔대기에 고인 물에 미생물이 모이게 된다.

깔때기 추출법이 뭔지 설명할게. 우선 깔대기 밑에 빈 패트병을 받쳐 놔. 그리고 거름종이를 접어서 깔때기에 넣고, 그 위로 연못물을 부어. 그러면 미생물은 거름종이에 걸러지고 맑은 물은 밑으로 떨어지게 돼. 이렇게 하면 물속에 퍼져 있던 미생물이 거름종이 안에 모이겠지? 몇 번 이렇게 반복하다 보면 거름종이에 뭔가가 많이 걸리게 되고, 물이 거름종이를 투과하는 속도도 아주 더디게 돼. 그러면 깔때기에 물이 한참 고여 있게 되는데, 그 안에는 미생물이 우글우글 밀집해 있는 거지. 이제 스포이트로 거름종이 밑바닥에 있는 물을 빨아 올려 슬라이드 글라스에 한 방울 떨어뜨리고 프레파라트를 만들어 봐. 전보다 더 많은 미생물을 볼 수 있을 거야. 투명해서 잘 보이지 않는 미생물은 메틸렌블루 등으로 염색해서 보면 좋아.

이제 내가 관찰한 것을 하나씩 소개해 볼까 해. 우선은 물속 미생물 중 상당히 많은 부분을 차지하는 조류에 대해서 먼저 살펴볼까?

지구상에는 약 2만 종 이상의 조류가 살고 있대. 굉장하지? '조류' 하면 어디서 많이 들어 본 것 같지? 맞았어. 바로 바닷말을 볼 때,

홍조류와 갈조류를 봤어. 김과 미역 관찰했지. 바닷말도 '해조류'라고 해서 조류의 한 종류지. 그런데 우리가 지금부터 관찰하려는 것은 미역 같이 큰 조류가 아니고, 작은 미생물 조류야. 이런 종류의 조류 중에 물에 떠다니며 사는 것들을 '식물성 플랑크톤'이라고 부르기도 해. 보통 엽록체가 있어서 광합성을 하면서 사는데, 스스로 움직이는 종류도 있어. 동물성 플랑크톤처럼 아주 활발하게 움직이는 것은 아니지만 현미경으로 보면 아주 조금씩 움직이는 것이 보여.

민물에 사는 조류로는 녹조류, 규조류, 와편모조류 등으로 다양하게 구분할 수 있어. 내가 관찰한 것 중에는 녹조류와 규조류만 발견됐지 뭐야.

녹조류

녹색으로 흐려진 연못물이나 늪의 물을 보면 조류와 미생물을 많이 관찰할 수 있어. 녹색을 띤 조류를 '녹조류'라고 해. 이번에는 바로 이 녹조류를 관찰해 볼 거야.

녹조류가 녹색으로 보이는 까닭은 엽록체를 가지고 있기 때문이야. 식물처럼 광합성을 해서 스스로 양분을 만들 수 있지. 클로렐라, 반달말, 장구말, 해캄, 볼복스, 물이끼 등이 녹조류야. 먼저 클로렐라를 살펴볼까?

클로렐라

현미경으로 연못물을 관찰하다 보면 녹색덩어리 같은 것이 많이 보일 거야. 아래의 그림이 바로 클로렐라야. 클로렐라는 연못이나 습지에서 쉽게 볼 수 있고 타원형을 한 단세포 생물이야. 이렇게 하나의 세포로 된 미생물을 '원생생물'이라고 해. 클로렐라는 핵이 하나 있고 컵 모양을 한 엽록체도 들어 있어. 운동성은 없어. 클로렐라는 세포가 둘로 나눠지면서 증식하는데, 굉장히 빨라.

또 단백질과 비타민이 풍부해서 한때 우주인의 우주식으로 주목을 받기도 했어. 클로렐라는 오수를 정화하는 데도 쓰이고 가축 사료에 넣어 이용하는 등 많은 곳에 쓰이고 있어. 우리들도

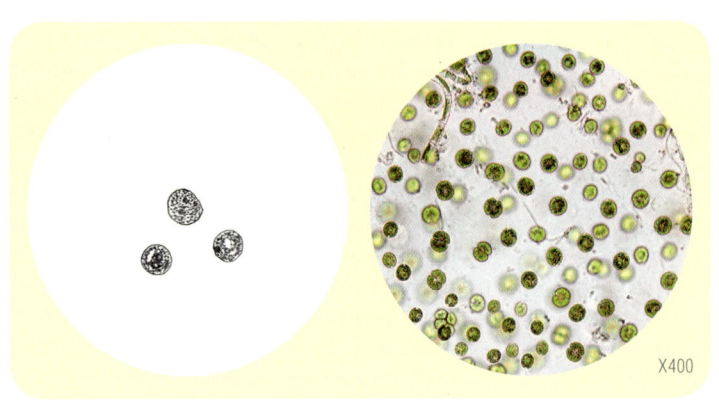

클로렐라

클로렐라를 음식 재료로 사용하지. 나도 클로렐라가 들어간 녹색 국수를 먹어 본 적이 있어. 처음엔 무슨 벌레가 들어간 음식 같아서 찜찜했는데, 이제는 미역과 같은 조류라고 생각하니 아무렇지도 않아. 다 현미경 공부 열심히 한 덕분이지 뭐. 물속 미생물인 클로렐라가 이렇게 많은 곳에 유용하게 쓰이고 있다는 사실을 알고 참 신기하다는 생각이 들었어.

해캄

이제 해캄을 관찰해 볼까? 봄, 여름에 호수나 늪에 가면 머리카락처럼 길고 녹색을 띠고 있는 것을 볼 수 있어. 물속을 자유롭게 떠다니고, 손으로 만져 보면 미끈미끈한데, 바로 이것이 해캄이야.

나는 해캄 세포가 붙어 있는 모양이 꼭 대나무 같다는 생각이 들

해캄

었어. 그리고 해캄의 세포 속에는 녹색 줄 같은 것이 나선형으로 들어 있는데, 이것이 엽록체야. 해캄을 보면 길이가 상당히 길다는 것을 알 수 있어. 길이 방향으로 세포가 분열해서 계속 자라기 때문에 길쭉한 거야. 내가 본 것 중에는 50센티미터나 되는 것도 있었어. 절단되면 절단된 토막이 각자 세포 분열을 해서 새로운 개체가 돼. 나는 해캄의 이런 점이 꼭 지렁이와 비슷하다는 생각이 들었어.

● 접합
암수의 구분이 없는 두 세포가 생식 세포처럼 행동하여 하나로 합쳐지는 것. 정자와 난자가 만나 수정란이 만들어지듯이, 해캄의 두 세포가 합쳐져 접합포자를 형성한다.

해캄은 겨울을 나는 방법도 특이해. 해캄 세포 두 개가 접합●을 하는데, 한쪽 세포의 내용물이 다른 쪽 세포로 들어가는 거야. 세포 두 개가 합쳐지다니 재미있지 않니? 이렇게 접합한 세포는 두꺼운 세포벽으로 둘러싸인 접합 포자 상태로 겨울을 나고, 봄에 여기에서 새로운 해캄이 나와. 해캄은 생긴 모양에 비해 상당히 재미있고 신기한 조류인 것 같아.

해캄이 접합하는 과정

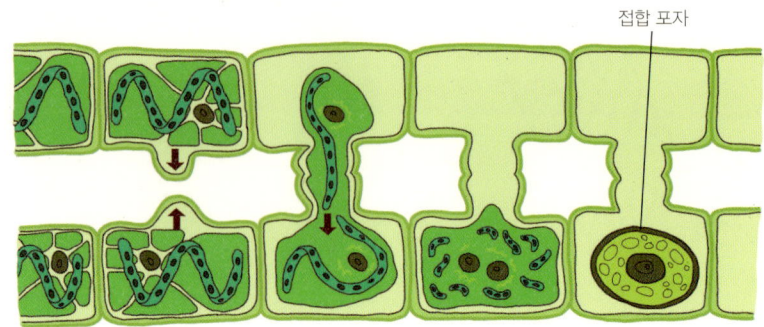

접합 포자

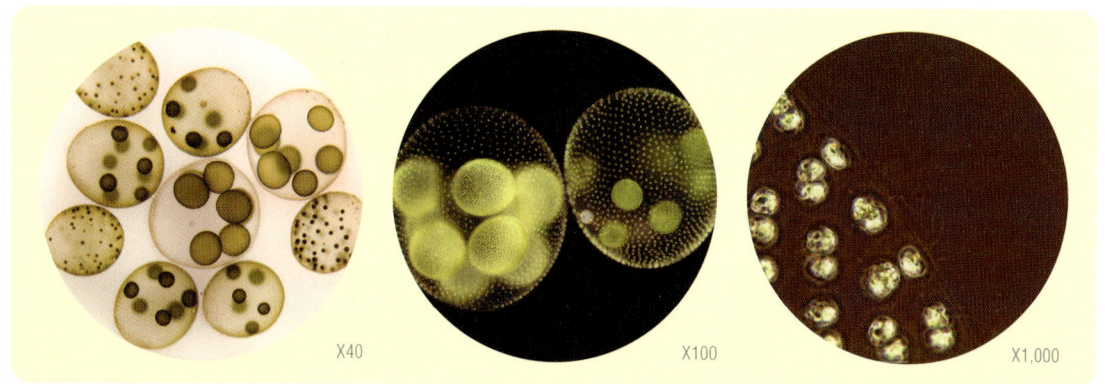

볼복스. 맨 오른쪽 사진에서는 편모를 볼 수 있다(위상차 현미경으로 관찰).

볼복스

자, 그럼 이번엔 볼복스를 관찰해 볼까? 볼복스는 녹색으로 흐려진 논이나 민물에 많이 있는데, 둥근 공 모양을 하고 있고 그 속에 작은 공 모양의 덩어리를 여러 개 가지고 있는 특이한 모양이야.

볼복스는 두 개의 편모를 가진 단세포 생물이 많이 모여 만들어진 군체야. 두 개의 편모를 가진 단세포 생물이 하나 둘 모여서 덩어리를 만들고, 이렇게 500~5,000개 정도 모인 것이 공 모양으로 계속해서 모여 붙어서 볼복스가 된다고 해. 참 놀랍고 신기하지 않니? 또 볼복스는 편모로 움직인대.

반달말과 장구말

할아버지 농장의 연못에선 반달말과 장구말도 발견되었는데, 이

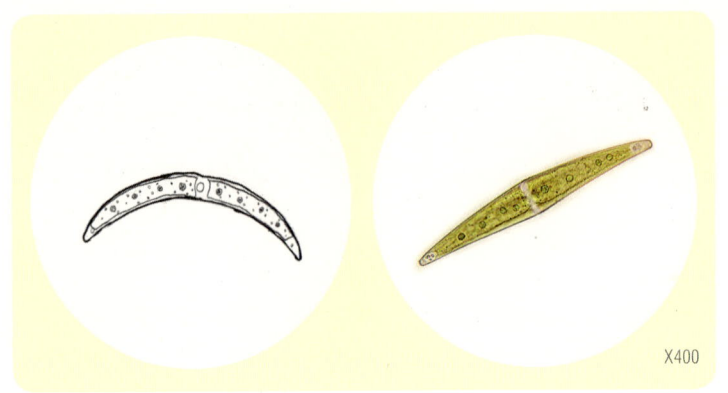

반달말

것들도 물에 떠다니는 식물성 플랑크톤 중 대표적인 것들이야. 생김새가 꼭 반달 같다고 '반달말', 장구 같다고 '장구말'. 이름이 참 재미있지?

반달말과 장구말은 꼭 세포 두 개가 붙어 있는 것 같이 보이는데, 사실은 하나의 세포야. 그리고 이것들은 반쪽이 분리되어 떨어져 나가면 떨어져 나간 자리에 새로운 반쪽이 돋아나는 방법으로 번식을 한다고 해.

장구말. 400배 사진에서 새로운 반쪽이 돋아나는 모습을 볼 수 있다.

실이끼

이번에는 우리 집 어항 속 녹조류를 관찰해 보려고 해. 우리 집에는 열대어 어항이 있는데, 어느 날부터 조금씩 이끼가 생기기 시작하더니 순식간에 어항 유리가 이끼로 뒤덮여 버리는 거야. 물고기가 조금은 걱정이 됐지만, 내가 이런 기회를 놓칠 수가 없지. 얼른 현미경을 꺼내서 이끼를 관찰해 봤어.

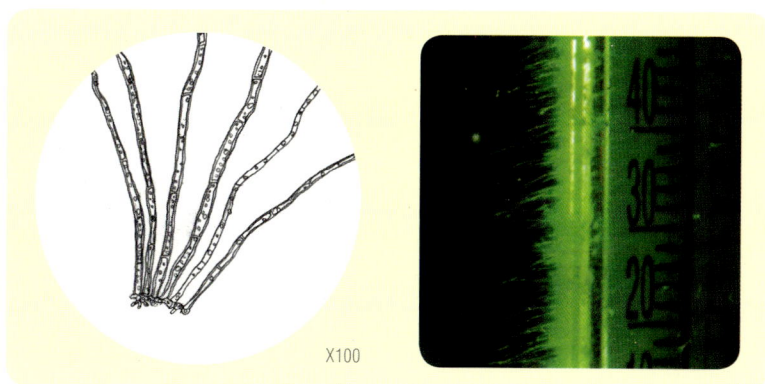

어항 속 실이끼를 관찰한 그림

내가 관찰한 이끼는 실이끼야. 실이끼는 유리나 돌에 녹색 실 같이 생긴 것이 빽빽하게 돋아나서 물결에 따라 하늘하늘 흔들리지. 이것을 핀셋으로 조금 뜯어내서 프레파라트를 만들면 돼.

실이끼는 대나무처럼 마디가 있는 기다란 모양이었어. 해캄하고 흡사하지. 그런데 해캄과 달리 엽록체가 나선형으로 생기지 않고 점점이 박혀 있었지. 또 해캄은 물에 떠 있는 데 비해 실이끼는 유리나 돌에 한쪽 끝이 고정되어 있는 점이 달랐어. 게다가 해캄보다 길이도 훨씬 짧지.

그런데 참 신기한 것이, 우리 집 어항의 실이끼는 아버지께서 여과기를 새것으로 교체해 주시니까 그 후 서서히 이끼가 사라졌어. 아버지께 여쭤 보니, 물고기의 배설물 속에 있는 유기물●이나 암모니아를 어항 속의 세균이 분해해서 없애 줘야 하는데, 세균이 살고 있는 여과기의 성능이 떨어지면 암모니아를 제대로 분해하지 못하게 되고, 그러면 이끼 등 녹조류가 좋아하는 질소와 인 성분이 물속에 많이 남아서 이끼가 많이 생기게 된다고 하셨어.

나는 여과기가 그저 물만 깨끗하게 걸러 주는 것인 줄로 알았는데, 그 안에 수많은 세균이 살고 있어서 물고기의 배설물을 분해하고 있다는 것을 처음 알게 됐어.● 이 세균들이 잘 살아 있어야 건강한 물이 된다고 해. 참으로 신기했어. 어항 속에도 작은 생태계가 유지되고 있었던 거야. 이 생태계의 균형이 조금 깨지니까 바로 물이끼가 생겨나게 된 거지.

물속 생태계의 균형이 깨져서 녹조류가 많아지면 이걸 먹고 사는 동물성 플랑크톤이 똑같이 많아지게 되고, 이렇게 되면 동물성 플랑크톤이 물속 산소를 모두 써 버려 물속에 산소가 없어지게 되

●유기물
유기화합물. 탄소 원자가 주로 수소, 산소, 질소 등의 다른 원소와 결합하고 있는 화합물. 동식물의 에너지원으로 사용된다.

●정화 세균
암모니아는 물고기에게 치명적인 독소가 있는데, 물속에는 암모니아를 독성이 매우 약한 질산염으로 분해하는 세균이 있다. '니트로소모나'라는 세균은 암모니아를 아질산염으로, '니트로벡터'라는 세균은 아질산염을 질산염으로 분해한다.

지. 그래서 결국은 물고기를 비롯한 모든 생물이 죽고, 물은 썩어서 아무것도 살 수 없는 죽음의 환경이 된다는 거야.

호수나 강에서 녹색을 띤 조류가 늘어나서 물이 녹색으로 보이는 현상을 '녹조 현상', 바다에서 갈색을 띤 조류가 늘어나서 물이 붉게 보이는 현상을 '적조 현상'이라고 불러. 녹조 현상은 녹조류 때문에도 일어나지만 주로 '남세균'이라는 광합성 세균이 많아질 때 일어난다고 해. 친구들도 뉴스에서 심심치 않게 들어 본 적이 많을 거야. 이 생태계가 균형을 잃으면 바로 우리들 인간에게도 큰 재앙이 된다는 걸 우리는 잊지 말아야겠어. 우리 집 어항을 보니까 생태계란 참 민감한 것 같아. 나는 우리 집 어항에 생긴 실이끼 때문에 아주 중요한 것을 깨우치게 되었어. 친구들도 그렇지?

규조류

이번에는 규조류를 관찰해 볼 거야. 연못 속 돌이나 수초를 보면 표면에 황갈색 이끼 같은 것을 볼 수 있어. 이것을 떼어서 프레파라트를 만들어서 관찰해 봐. 그러면 타원형이나 직사각형을 한 생물들이 많이 보일 거야. 이것이 바로 규조류야. 물론 앞에서 말한

여러 가지 규조류

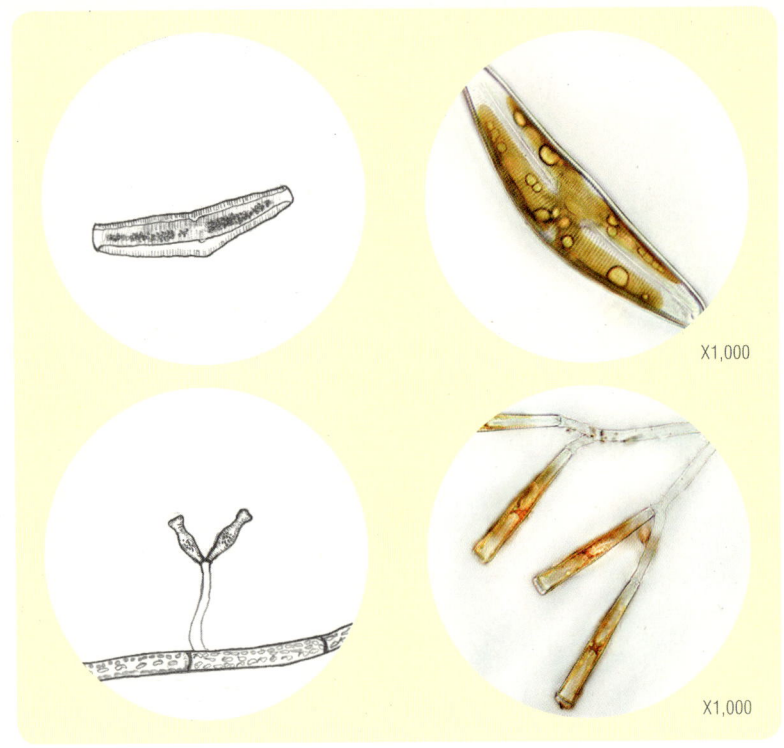

X1,000

X1,000

깔때기 추출법으로 봐도 많은 규조류를 볼 수 있어. 그만큼 규조류는 물속에 많이 있지.

규조류는 여러 가지 종류가 있고 모양도 각양각색이야. 그런데 공통점이 하나 있어. 바로 단단하고 투명한 껍질을 가지고 있다는 거야. 또 규조류의 껍질에는 재미있는 점이 있어. 그게 뭐냐고? 규조류의 껍질은 약 상자 뚜껑처럼 위 껍질과 아래 껍질로 되어 있는데, 위 껍질과 아래 껍질을 열었다 닫았다 할 수 있다는 거야.

규조류의 껍질이 이렇게 되어 있는 데는 이유가 있어. 규조류는 주로 세포 분열을 해서 번식을 해. 먼저 위 껍질과 아래 껍질이 분리된 다음 각각 새로운 반쪽 껍질을 만들어. 이렇게 하면 새로운 두 개의 규조류가 탄생하겠지? 그런데 세포 분열을 하면서 새로 만들어진 규조류 껍질은 본래 껍질보다 크기가 작아. 그래서 규조류는 세포 분열을 하면 할수록 크기가 줄어든다고 해.

만약 여러 번 세포 분열을 해서 규조류 개체의 크기가 너무 작아지면 규조류는 더 이상 살 수가 없을 거야. 결국 크기가 작은 두 개의 규조류 개체가 결합해서 크기가 커졌을 때 큰 껍질을 새로 만들지. 이때 이전의 작은 껍질은 물속에 버려지게 되는데, 이것이 물속에 많이 쌓이기도 하지. 그래서 친구들, 현미경으로 연못물을 보다 보면 심심찮게 규조류의 빈 껍질을 발견할 수 있을 거야. 참 묘하고 신기한 생물이 아닐 수 없어.

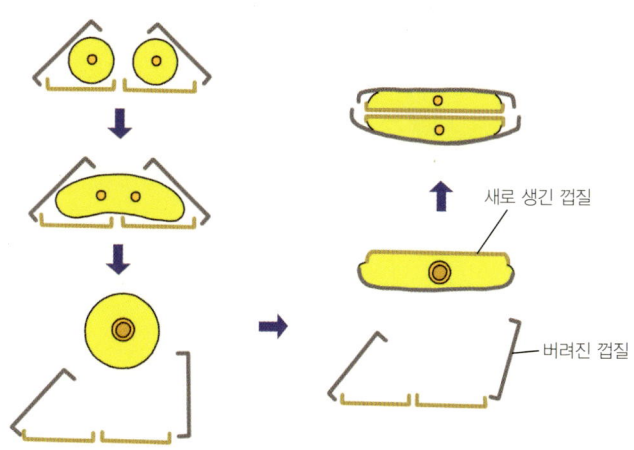

규조류 개체 두 개가 결합해서 몸집을 키우는 과정

규조류의 껍질은 우리 생활 속 많은 곳에 이용되고 있어. 껍질의 무늬가 복잡하고 정교해서 현미경의 해상도를 가늠하는 시험 재료로 쓰이고 있는가 하면, 규조류 껍데기가 많이 퇴적되어 흙처럼 된 것은 규조토라 해서 필터, 절연재, 연마제, 니스를 만드는 재료로 쓰이기도 해. 규조류가 이렇게 많은 곳에 쓰인다는 사실을 알고 나는 깜짝 놀랐어.

그리고 보니 알프레드 노벨이 다이너마이트를 발명할 때 규조토를 이용했다는 것을 책에서 본 적이 있어. 당시 나이트로글리세린●이라는 폭약은 조금만 흔들려도 폭발해 버리는 아주 위험한 물질이어서 사용하기 힘들었는데, 노벨이 규조토에 나이트로글리세린을 부어 충격에도 끄떡없는 안전한 다이너마이트를 개발한 거래. 규조류는 여러 모로 사람에게 이로운 생물인 것 같아.

● **나이트로글리세린**
상온에서 나이트로글리세린은 유독성 액체로, 지금까지 알려진 강력한 폭발물 중 하나다. 조그만 충격에도 쉽게 폭발하여 노벨이 나이트로글리세린을 안전하게 사용할 수 있는 다이너마이트를 발명하기 전까지 다루기 힘든 매우 위험한 물질이었다.

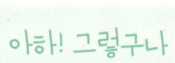 아하! 그렇구나

규조토

바다나 하천에 대량으로 규조류가 번식하면 규조류의 빈 껍질도 많이 생깁니다. 이 규조류의 껍질이 바다 밑이나 강바닥에 가라앉게 되고 시간이 많이 흐르면 두껍게 쌓여 퇴적층을 이루지요. 마치 모래흙처럼 되는데, 이것을 '규조토'라 합니다. 여기에 계속 퇴적층이 쌓여 높은 압력을 받게 되면 암석처럼 변하는데, 이것을 '규조암'이라고 합니다. 규조암도 넓은 의미로 '규조토'라 합니다.

세계에서 가장 규조토가 많이 생산되는 지역은 미국의 산타바바라 주 북부와 캘리포니아입니다. 이곳에는 딱딱하고 치밀한 상태의 규조암이 300미터 이상의 두께로 수 평방킬로미터에 걸쳐 분포합니다. 우리나라에도 규조토가 여러 곳에서 발견될 정도로 규조토는 풍부한 자원입니다.

규조토는 쓰임새가 아주 다양합니다. 작은 구멍이 많아서 화학물질을 걸러 내는 여과재로도 많이 쓰이고, 광택이 뛰어나서 페인트나 광택재의 재료로도 쓰이며, 단단해서 연마재로도 쓰는데 치약 속에도 들어갈 정도입니다. 또 높은 온도에서도 변형이 없어 고온의 용광로나 보일러의 단열재로도 쓰이지요. 최근에는 친환경 건축 재료로 각광을 받고 있다고 합니다. 규조토를 건축재료로 사용하면, 공기 중의 나쁜 화학물질을 제거해 주고, 습도를 조절하는 데다 단열 성능도 높고 아름답기 때문입니다.

규조류는 모양도 아름다워서 '바다의 보석'이라고도 불립니다. 이쯤 되면 가히 미생물계의 팔방미인이라 할 수 있겠지요?

규조암

규조토

② 활발하게 움직이는 미생물

여기서는 주로 물속을 떠다니며 아주 활발하게 움직이는 미생물들을 관찰하려고 해. 활동성이 강한 미생물들은 자기보다 작은 조류, 즉 식물성 플랑크톤을 먹고 살아. 그래서 이들을 '동물성 플랑크톤'이라고 부르지. 동물성 플랑크톤은 물고기를 비롯한 수중 생물에게 좋은 먹잇감이 돼.

단세포 작은 생물: 편모충류와 섬모충류

연못물 속에는 동물성 플랑크톤이 아주 많아. 이 중에서 내가 발견해서 관찰한 것은 편모충류, 섬모충류, 윤충류, 물벼룩 등이야. 함께 살펴볼까?

편모충류를 관찰해 보자. 편모충류는 편모를 가지고 있는 원생생물을 말해. 연못물을 떠다 현미경으로 보면 털 하나(편모)로 움직이는 원생생물을 관찰할 수 있어. 이렇게 움직이는 원생생물은 편모충류로 분류하면 돼. 편모충류에는 다양한 종류가 있는데, 나는 그 대표격인 유글레나를 관찰할 수 있었어.

햇볕이 잘 드는 못이나 늪, 또는 녹색이 도는 논물을 채집해서 프레파라트를 만들어 보면 초록색을 한 원생생물이 돌아다니는 것을 볼 수 있어. 이것을 확대해서 자세하게 보면 편모를 볼 수 있어. 이 원생생물이 유글레나야. 유글레나가 녹색으로 보이는 까닭은 엽록체를 가지고 있기 때문이야.

유글레나는 편모로 움직이고, '안점'이라는 빛을 느끼는 빨간색 기관이 있어. 식물처럼 광합성을 하면서도 동물처럼 움직이고 느낀다는 것이 참 놀랍고 신기하지 않니? 규조류나 일부 조류도 스스로 움직이는 것이 있기는 한데, 유글레나처럼 활발히 움직

X1,000

유글레나

이지는 않았어. 유글레나가 얼마나 빠르게 움직이는지 너무 빨라서 사진을 찍기 어려울 정도야.

편모충류 관찰을 마쳤으면 섬모충류를 관찰해 보자. 편모충류는 털을 하나 가지고 있는 원생동물●이고, 섬모충류는 털을 여러 개 가지고 있는 원생동물을 말해. 섬모는 이동할 때나 먹이를 잡을 때 쓰는 짧은 털 모양의 조직이야. 섬모충류는 원생동물 중에서 가장 복잡하고 진화된 형태의 소기관을 가지고 있어. 핵도 소핵과 대핵 두 가지가 있는데, 대핵은 대사와 발생 기능을 조절하고 소핵은 생식할 때 필요해. 핵을 두 종류나 가지고 있다니 참 별나다는 생각이 들었어. 다른 생물에는 하나밖에 없는데……. '섬모충류를 대표하는 것' 하면, 역시 짚신벌레를 들 수 있는데, 내가 짚신벌레를 관찰해 보니까 정말 섬모충류의 특징을 잘 알 수 있었어. 또

● 원생동물
원생생물 중에서 엽록체가 없고 활동력이 강하여 동물적 속성을 가지고 있는 것들을 '원생동물'이라 한다.

짚신벌레

X400

짚신벌레는 아주 흔하고 종류도 많기 때문에 관찰하기도 쉬워. 그래서 이번에는 짚신벌레를 관찰해 보려고 해.

짚신벌레는 물속을 헤엄쳐 다니기보다는 돌이나 수초의 잎, 개울 바닥 등에 붙어서 살고 있어. 그래서 바위 뒷면을 핀셋으로 긁거나 녹조류를 짠 물로 프레파라트를 만들면 짚신벌레를 관찰할 수 있어. 녹조류를 짜거나 바위 뒷면을 씻어 낸 물을 모아서 앞에서 말한 깔때기 추출법을 써서 관찰해도 좋아.

아까 말했듯이 짚신벌레는 물속에 아주 많아. 크기도 가지가지야. 900배 이상으로 봐도 잘 안 보이는 작은 것이 있는가 하면 맨눈으로 보일 정도로 큰 것도 있어. 어떤 것은 길쭉하고 어떤 것은 둥근 모양을 하고 있는 등 모양도 다양해.

짚신벌레는 섬모를 이용해서 먹이를 잡아먹어. 또 세포 속에 둥근 것이 여러 개 들어 있을 거야. 이것은 '식포'라고 하는 세포 기관이야. 식포는 입을 들어온 양분을 소화시키는 일을 하고 있어. 이 식포는 짚신벌레 말고도 아메바와 같은 다른 원생동물에도 있어.

다세포 작은 생물: 윤충류, 물벼룩류, 요각류

조금 탁한 물이나 녹조류를 현미경으로 관찰하다 보면 몸이 오그라들었다 늘어났다 하면서 움직이고 있는 작은 생물이 보이는 경우가 있어. 이 동물은 '윤충류'라고 해. 윤충류는 우리가 앞에서 관찰한 유글레나나 짚신벌레 같이 하나의 세포로 된 생물(단세포 생물)이 아니라, 여러 개의 세포로 된 생물(다세포 생물)이야. 그래서

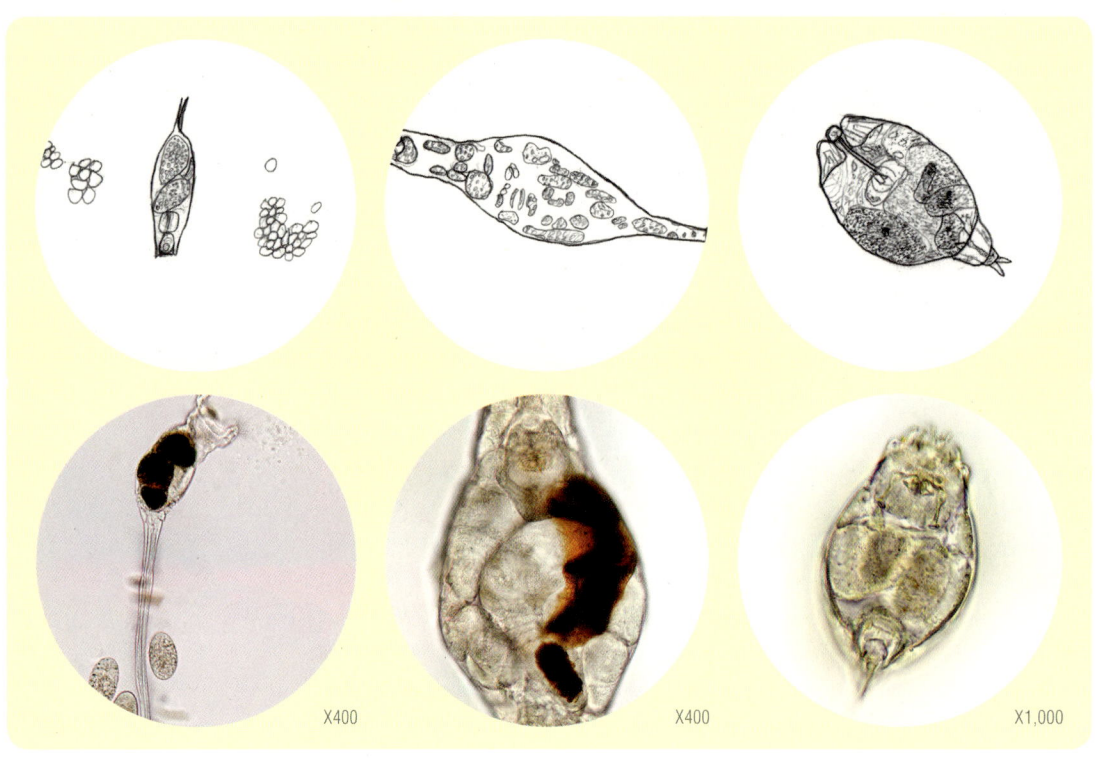

윤충류

'원생동물'이라고 부르기는 좀 곤란해.

윤충류는 종류가 굉장히 많아. 윤충류도 보면 짚신벌레처럼 섬모를 가지고 있다는 것을 알 수 있어. 섬모는 주로 입 주위에 있어. 이 섬모를 이용해서 헤엄을 치는 것도 있지만 꼬리를 이용해서 움직이는 것도 있어. 윤충류는 주로 물속을 자유롭게 돌아다니지만 풀잎 같은 것에 붙어서 생활하는 것도 있어.

윤충류는 우리 사람처럼 위장과 소장을 가지고 있어. 또 위와 입을 연결하는 식도도 가지고 있지. 나는 이렇게 작은 생물에게도 이런 기관들이 있다는 점이 참 신기했어. 어때? 친구들도 신기하지?

자, 그럼 이번엔 물벼룩을 관찰해 볼까? 조금 탁한 연못물을 한 바가지 정도 떠와. 그리고 깔때기 추출법을 써서 흩어져 있는 미생물들을 모은 다음, 눈으로 잘 관찰해 봐. 그러면 팔딱팔딱 뛰듯이 움직이면서 헤엄치고 있는 생물이 보일 거야. 이것들을 스포이트로 잡아서 현미경으로 관찰해 봐. 그러면 타원형을 한 생물을 관찰할 수 있어. 이것이 물벼룩이야. 물벼룩은 비록 크기는 작지만, 다리를 보면 새우 다리처럼 마디가 있어.

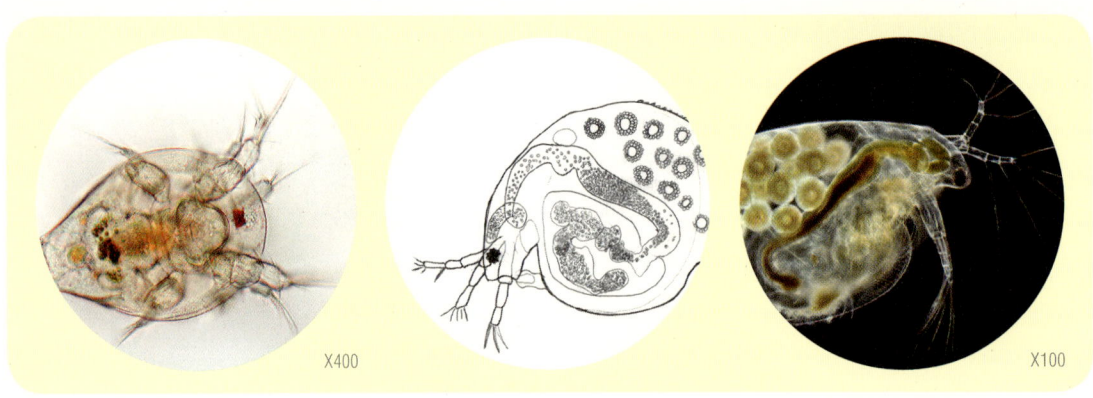

물벼룩 유충(왼쪽)과 등쪽에 알이 있는
성체 물벼룩(가운데, 오른쪽)

물벼룩을 보면 등 쪽에 움찔움찔 움직이는 것이 보일 거야. 이것은 물벼룩의 심장이야. 물벼룩은 투명해서 심장이 움직이는 모습을 관찰할 수 있어. 먹은 양분을 소화시키는 모습도 관찰할 수 있지. 또 어떤 물벼룩을 보면 등 쪽에 둥근 것들을 많이 가지고 있는 것을 볼 수 있는데, 이것은 알이야. 시간이 지나면 알에서 작은 물벼룩이 나와 헤엄치는 것도 볼 수 있어.

그런데 재미있는 것은 물벼룩의 모양이 계절에 따라 달라진다는 거야. 봄에는 통통한 모양을 하고 있다가 여름이 되면 길쭉하고 날씬해져. 계절마다 모양이 달라지다니 참 재미있는 생물이야.

그리고 물벼룩하고는 조금 다른, 가재 비슷한 모양을 한 생물도 보이는데, 이것은 요각류●야. 물벼룩과 요각류는 모두 마디가 있

● **요각류**
물벼룩류와 요각류의 무리들은 모두 갑각강에 속해 있는 사촌지간이다. 민물에 사는 요각류를 검물벼룩이라 부르기도 한다. 검물벼룩은 사람에게 기생하는 메디나충을 옮기기도 한다.

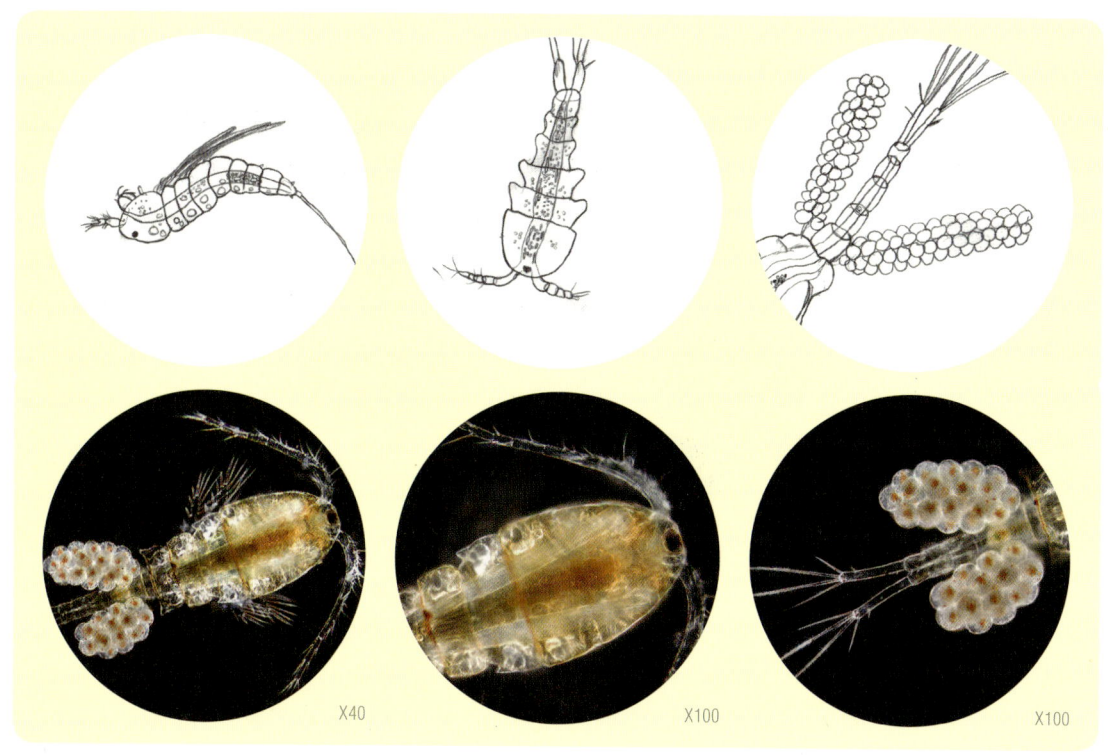

요각류

는 발로 헤엄을 쳐. 나는 알이 있는 요각류도 관찰할 수 있었어.

그런데 연못물을 깔때기 추출법으로 계속 관찰하다 보면 크기가 상당히 작은 다세포 생물들이 보여. 이 중에는 도무지 그 정체가 무엇인지 모르는 것들도 많이 있었어. 상당수가 징그러운 모습이었지. 물속에는 정말 신기하게 생긴 생물들이 많아. 친구들도 관찰하면서 이제껏 몰랐던 미생물을 많이 발견해 보면 좋겠어.

깔따구의 유충. 머리, 몸통, 꼬리.

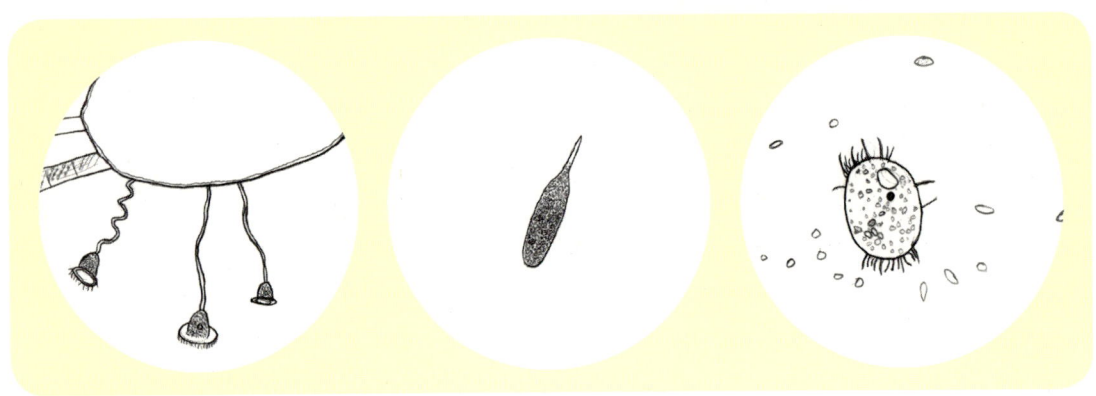

여러 가지 물속 미생물 관찰 그림(X400). 종벌레(왼쪽)와 정체를 모르는 미생물.

! 아하! 그렇구나

생물처럼 활동하는 물질

감기에 걸렸을 때 나타나는 기침, 재채기, 콧물 따위의 언짢은 증세들은 바이러스가 우리의 코와 목을 공격하기 때문에 발생합니다.

바이러스는 스스로 복제하는 것이 아니라, 식물이나 동물의 세포를 이용해 자신을 복제합니다. 바이러스는 세포에 달라붙어 세포 속에 자신의 DNA를 집어넣습니다. 세포 속에서 바이러스의 DNA는 복제되고, 복제된 DNA는 새로운 바이러스 몸체를 만드는 데 필요한 모든 부분을 세포가 만들게 합니다. 각 부분이 만들어지면 바이러스는 세포벽을 뚫고 나옵니다. 이렇게 바이러스는 이 세포 저 세포로 옮겨 다니며 자신을 계속 복제하며 퍼져 나가고 바이러스에 감염된 세포는 죽고 맙니다.

바이러스는 DNA를 가지고 있으며 자신을 복제하고 마치 생물처럼 활동하지만, 스스로 번식하지 못하고 세포의 도움을 받기 때문에 온전히 생물이라고 할 수 없습니다. 그저 세포를 감염시키는 화학물질 알갱이입니다.

그러나 생물도 아닌 단순하기 그지없는 이 물질의 위력은 대단합니다. 얕잡아 봤다간 큰코다칩니다. 바이러스는 감기 말고도 수두, 볼거리, 홍역, 에이즈(후천성 면역 결핍증) 같은 여러 가지 질병을 유발시킵니다. 특히 에이즈는 아주 무서운 질병입니다. HIV는 에이즈를 일으키는 바이러스인데, 우리 몸에 침투해서 우리 몸의 자연적인 방어 체계를 무력하게 만듭니다. 그렇게 되면 다른 바이러스나 병원균이 우리 몸에 침입했을 때 방어할 수가 없습니다. 결국 면역력이 떨어져 병원균 때문에 죽게 되지요.

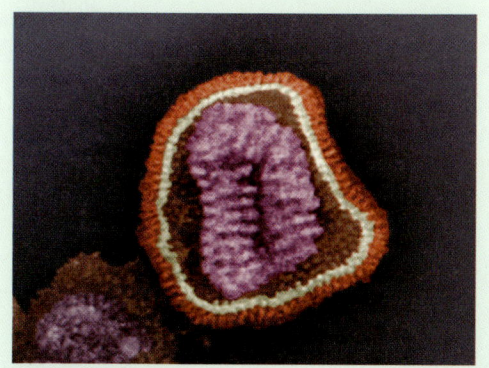

감기를 일으키는 인플루엔자 바이러스

에이즈를 일으키는 HIV

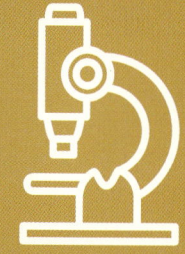

현미경으로 꼭
생물만 관찰할 수 있는 건 아냐.
재물대에 놓일 수 있는
크기의 물체라면 뭐든지
관찰할 수 있어.

① 결정의 세계는 아름다워

제일 먼저 우리 주변에서 구하기 쉽고 관찰하기도 쉬운 소금, 설탕, 백반, 조미료 등의 결정을 관찰할 거야. 이 중에서도 소금과 백반의 결정이 아름답고 관찰하기도 쉽기 때문에 먼저 관찰해 보려고 해.

소금과 백반의 결정

소금과 백반은 상온에서도 쉽게 결정이 생기기로 유명하지. 그래서 이 점을 이용하면 소금과 백반의 결정을 쉽게 관찰할 수 있어. 그런데 백반이 뭐냐고? 백반은 염료의 용매 등으로 사용하는 화학 약품이야. 여자 아이들이 손톱에 봉숭아물을 들일 때 많이 사용하잖아. 약국에서 파는데 싸고 쉽게 구할 수 있어.

먼저 소금 결정 관찰 방법을 알아보자. 비커나 작은 용기에 물과 소금을 넣고 잘 저어서 포화 상태의 용액을 만들어. 포화 상태란 소금이 물에 더 이상 안 녹아 용액에 덩어리가 남아 있는 상태지. 이런 포화 상태의 소금 용액을 스포이트로 조금 떠서 슬라이드 글라스에 몇 방울 떨어뜨리고 바짝 마를 때까지 기다려.

더 간편한 방법은 슬라이드 글라스 위에 귀이개로 소금을 아주 조금만 덜어 놓고 스포이트로 물을 한 방울 떨어뜨린 뒤 그 상태에서 잘 저어 주는 거야. 그리고 바짝 마를 때까지 기다리면 돼.

물이 다 마르면 슬라이드 글라스에 작은 소금 결정이 많이 생겨 있을 거야. 여기에 커버 글라스를 덮지 말고 이것을 그대로 현미경으로 관찰하는 거야. 백반도 같은 방법으로 프레파라트를 만들면 돼. 커버 글라스가 없으니 저배율로 관찰하는 거 잊지 마. 고배

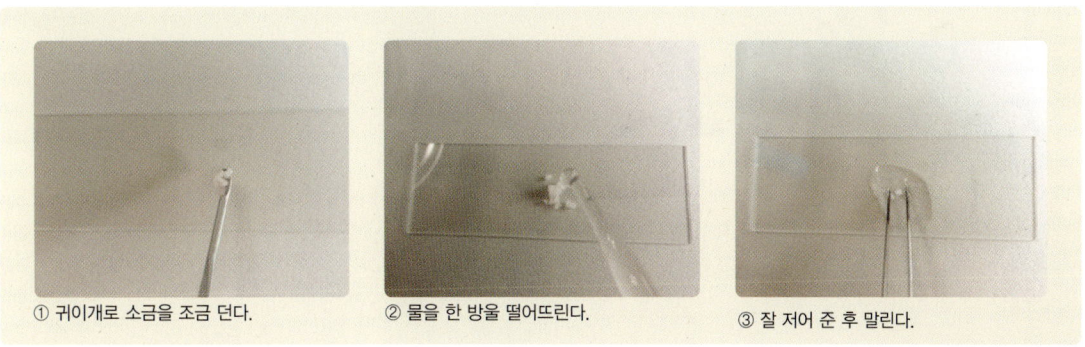

① 귀이개로 소금을 조금 덜다.   ② 물을 한 방울 떨어뜨린다.   ③ 잘 저어 준 후 말린다.

소금 프레파라트 만드는 법

율 렌즈는 길이가 길어서 소금 결정과 닿으면 렌즈가 상할 수 있거든.

소금 결정은 정육면체 모양인데, 얼핏 보면 정육면체라기보다는 피라미드를 위에서 내려다보는 것 같이 보이기도 해. 백반의 결정은 육각형 모양을 하고 있어. 특히 이 백반의 결정 모양이 아름다웠어. 꼭 눈을 보는 것 같기도 하고, 보석을 보는 것 같기도 했어. 친구들도 약국에서 백반을 사서 꼭 한번 관찰해 봐.

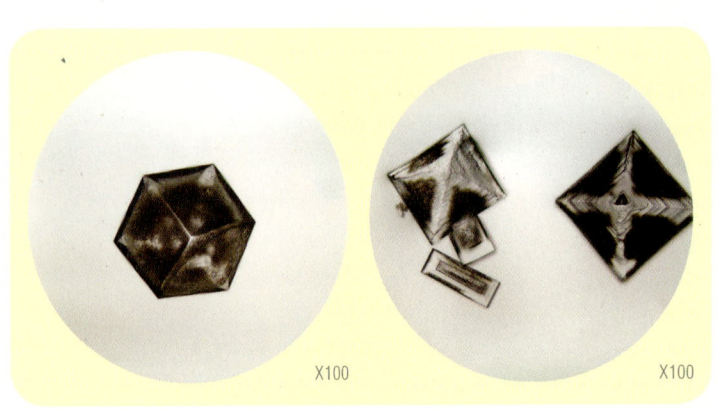

소금 결정

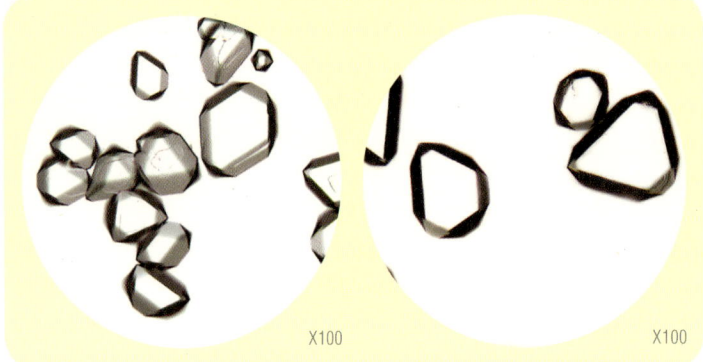

백반 결정

이 밖에도 아름다운 결정을 볼 수 있는 화학 약품들이 많이 있어. 하지만 화학 약품에는 독성이 있는 것도 많고 성질을 잘 모르고 다루면 큰 위험에 처하기도 하니까 주의해서 실험해야 해.

설탕과 조미료의 결정

이번에는 설탕과 화학조미료 글루탐산나트륨의 결정을 관찰해 보자. 글루탐산나트륨은 흔히 'MSG'라고 부르지. 설탕이나 화학조미료의 결정은 소금과 같은 방법으로는 관찰할 수 없어. 설탕 용액은 말려도 결정이 생기지 않고 끈적끈적하게 돼. 설탕도 결정을 만드는 방법이 있기는 한데, 시간이 많이 걸리고 어렵기 때문에 쉬운 방법을 가르쳐 줄게.

우리가 쓰는 설탕이나 화학조미료는 공장에서 결정 상태로 만들어서 판매하는 것으로, 결정이 잘 보존되어 있어. 그래서 설탕 가루 중에서 되도록 작은 입자를 골라서 이것을 그대로 슬라이드 글라스에 놓고 커버 글라스 없이 저배율로 관찰하면 돼.

설탕은 복잡한 다면체의 모양을 관찰할 수 있고, 화학조미료인 글루탐산나트륨은 육각기둥 혹은 사각기둥 같기도 한 기둥 모양의 결정이야. 마치 수정 기둥 같아.

설탕 결정

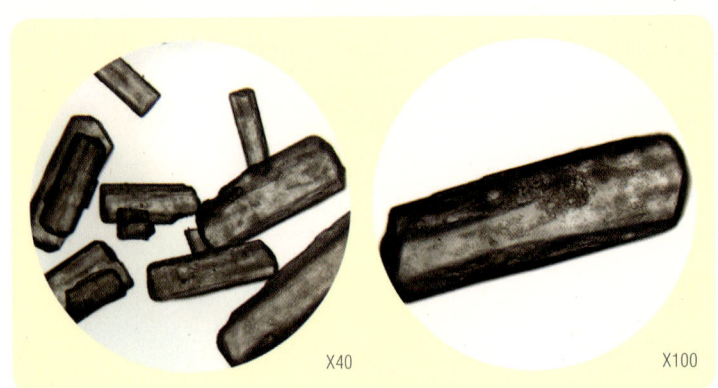

X40　　X100

글루탐산나트륨 결정

이런 식으로 여러 가지 결정을 관찰해 봐. 결정 말고도 커피 가루 같은 것을 관찰해도 재미있어. 또 설탕은 흑설탕과 백설탕이 있지. 이 두 설탕의 차이점을 찾아보는 것도 좋지 않을까?

② 이런 것들도 볼 수 있어

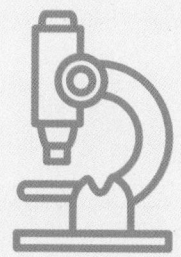

이번에는 섬유, 종이 등 다양한 사물을 관찰해 볼 거야. 우리가 평소에 별생각 없이 쓰는 물건들이지만 자세히 들여다보면 놀라운 것들을 발견할 수 있지. 자, 그럼 하나씩 관찰해 볼까?

다양한 섬유

어느 날 아버지께서 누에고치를 구해 주셨어. 나는 말로만 듣던 누에고치를 처음 보는 거라 신기해서 만져도 보고 흔들어 보기도 했어. 속에 뭐가 들어 있나 잘라도 봤지. 속에는 번데기가 바짝 말라 있었어. 껍데기는 하얗고 아주 가는 실이 얼기설기 얽힌 모양이었어. 이 실이 바로 명주실이 되는 거잖아?

이 명주실이 어떻게 생겼는지 궁금해서 조금 끊어서 슬라이드 글라스 위에 놓고 물로 봉하고 현미경으로 관찰했지. 명주실 한 올은 아주 가늘고 투명해서 재물대 밑에서 빛을 투과시켜 봐도 잘 볼 수 있어.

또 나는 목화를 심어서 키워 보고 싶었어. 결국은 목화씨도 우리 아버지께서 구해다 주셨어. 그런데 이 목화씨를 자세히 보니까 하얀 면이 아직도 조금 붙어 있는 거야. 나는 이것도 기회다 싶어서 얼른 핀셋으로 면 몇 올을 떼어 내서 프레파라트를 만들어 관찰해 봤어. 이렇게 해서 명주실과 면을 관찰하게 됐지.

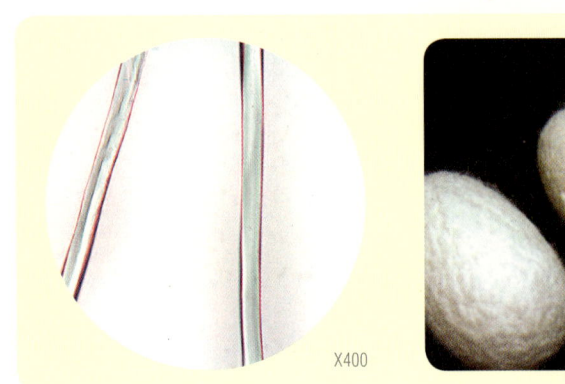

명주실(왼쪽)과 누에고치(오른쪽)

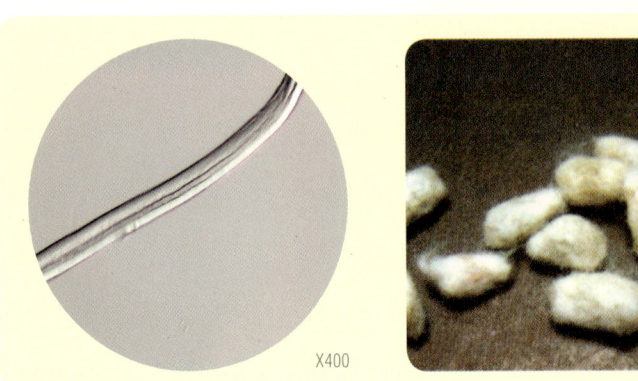

면(왼쪽)과 목화씨(오른쪽)

명주실과 면을 관찰해

보니까, 명주실이 면에 비해 훨씬 매끄러워 보였어. 면은 표면이 거칠고 굴곡이 심해 보였어. 명주실과 면을 비교해 보니까 명주실로 짠 비단이 윤기가 나고 감촉이 부드러운 이유를 알 것 같았어.

다음 사진은 명주실로 만든 비단(실크), 그리고 면으로 만든 무명천을 현미경으로 본 거야. 비단은 아버지 넥타이를, 무명천은 면 티셔츠를 재물대 위에 올려놓고 똑같이 낙사조명으로 본 거야. 넥타이나 티셔츠를 볼 때에는 천에 굴곡이 생기지 않도록 잘 펴서 클립으로 확실히 고정시켜야 제대로 관찰할 수 있어.

사진을 잘 보면, 명주실과 면의 차이가 그대로 천에도 나타나는 것을 알 수 있어. 비단은 윤기가 나고 매끈해 보이는데, 무명천은 좀 투박해 보이지. 이래서 예나 지금이나 비단은 고급품인가 봐.

이번에는 근대에 섬유의 혁명을 몰고 온 나일론을 관찰해 보자. 나일론은 석유에서 대량으로 생산해 낼 수 있고 튼튼하기 때문에 우리들의 의복 생활에 큰 변화

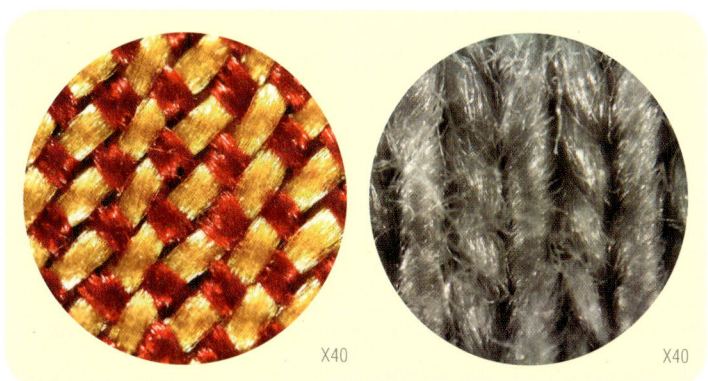

비단(왼쪽)과 무명천(오른쪽)

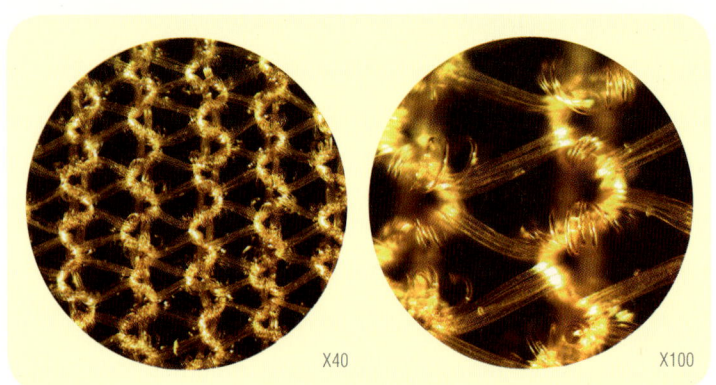
나일론

를 가져 왔어. 이 나일론 섬유를 관찰하려면 어머니의 나일론 스타킹을 관찰하면 돼. 못 쓰는 스타킹을 조금 잘라서 슬라이드 글라스 위에 놓고 물 한 방울을 떨어뜨린 뒤 커버 글라스를 덮고 보면 되는데, 스타킹의 나일론은 좀 굵기 때문에 재물대 밑의 조명과 낙사조명을 둘 다 써서 보는 것이 좋아.

나일론 섬유는 아주 매끈매끈한 표면을 가지고 있고 속에 미세한 공기 방울이 있는 것 같아. 이래서 나일론으로 만든 운동복을 보면 매끄럽고 반짝반짝 빛나는 것 아닐까?

종이

친구들, 집에서 종이 많이 쓰지? 그림 그릴 때도 쓰고, 글 쓸 때도 쓰고. 이번에는 우리 평소에 주변에서 흔히 볼 수 있는 종이를 현미경으로 관찰해 볼 거야.

관찰 방법은 아주 쉬워. 현미경의 재물대에 보고자 하는 종이를 올려놓고 관찰하면 돼. 종이도 빛이 잘 투과하지 못하기 때문에 위에서 빛을 비추는 낙사조명을 쓰는 게 좋아.

종이마다 특성이 다르니까 여러 종류를 관찰해 보면 좋겠지? 나는 복사 용지와 신문지, 한지, 화장지를 관찰해 봤어. 먼저 복사 용지를 보자. 섬유질이 빈틈없이 얼기설기 얽혀 있는 모양을 관찰할 수 있어. 표면이 다른 종이에 비해 매끈한 것 같아. 이건 말이야, 아마도 돌가루를 넣었기 때문 아닐까? 예전에 텔레비전에서 봤는데, 종이를 만들 때 돌가루를 넣고 롤러로 여러

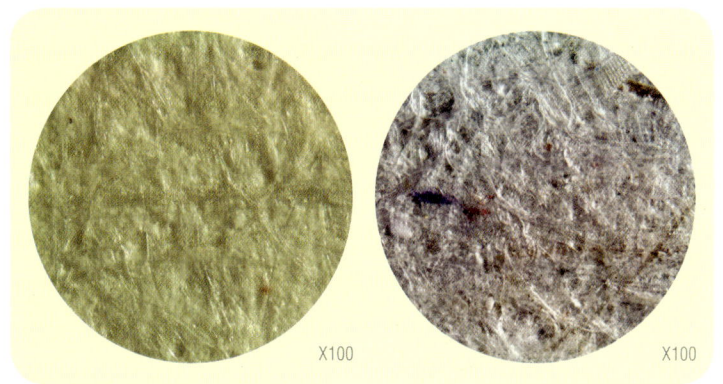

복사 용지(왼쪽)와 신문지(오른쪽)

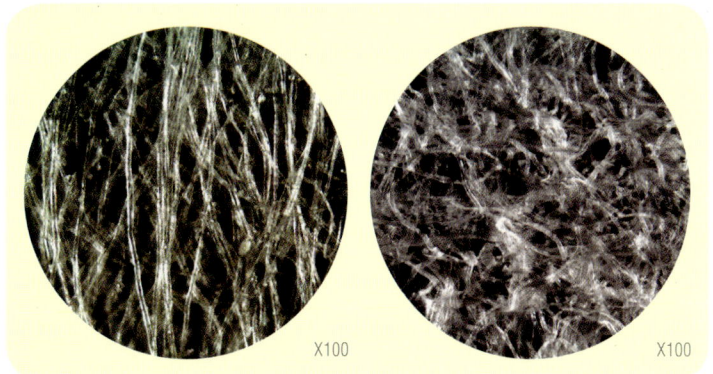

한지(왼쪽)와 화장지(오른쪽)

번 문질러서 광택을 내더라고.

신문지도 한번 관찰해 봐. 신문지는 복사 용지만큼 섬유질이 촘촘하지 못하고 조금 엉성하지. 그리고 펄프의 섬유질도 복사 용지보다는 굵고 거친 것 같아.

한지는 좀 더 가는 섬유질이 엉성하게 얽혀 있어. 작은 구멍도 군데군데 보이지.

이번엔 화장지를 관찰해 보는 것은 어때? 우리가 주로 쓰는 화장지는 두세 장이 겹쳐 있어. 그러니 한 장만 떼어 내서 관찰해 보자. 화장지를 보면 골다공증 환자의 뼛속을 보는 것 같아. 구멍이 숭숭 나 있어. 참 재미있어.

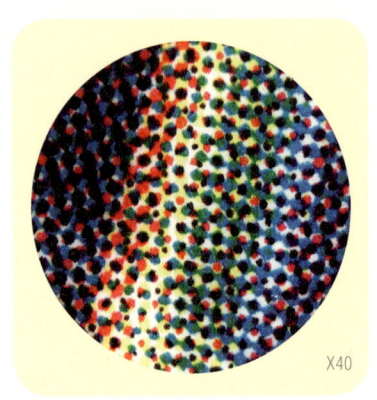
종이에 인쇄된 컬러 사진

이 네 종류의 종이를 비교해 보면 이런 결론을 얻을 수 있어. 종이 섬유질의 밀도가 '복사 용지 > 신문지 > 한지 > 화장지'의 순서로 되어 있다는 거지.

친구들, 내친 김에 책이나 종이에 인쇄된 컬러 사진도 현미경으로 관찰해 봐. 이번엔 분홍, 노랑, 하늘, 검정, 이렇게 네 가지 색깔의 크고 작은 점들이 겹쳐서 인쇄되어 있는 것을 볼 수 있어. 이렇게 네 가지 색을 섞어서 여러 가지 색을 만들어 내는 인쇄 방식을 '4도 인쇄'라고 해. 우리가 보는 대부분의 컬러 책이 4도 인쇄로 되어 있다는군. 이 책도 마찬가지야. 아, 그러고 보니까 우리 집 프린터에도 네 가지 색 잉크가 들어 있었어.

레코드와 콤팩트디스크

이번에는 레코드 음반과 콤팩트디스크를 관찰해 볼 거야. 아마 이것들을 가지고 있는 친구는 드물 거야. 그런데 1980년대까지만 해도 레코드로 음악을 들었다고 해. 우리 집에는 할아버지와 아버지께서 옛날에 들으셨던 레코드가 많이 남아 있어. 콤팩트디스크는 'CD'라고도 부르는데, 90년대에 많이 들었다고 해.

둘 다 음악을 기록한 기록 매체인데, 레코드는 소리 골을 파서 소리를 기록 하고, 콤팩트디스크는 움푹 파인 점으로 디지털 신호를 기록한다고 해.

레코드나 콤팩트디스크를 관찰하기 위해선 사진과 같이

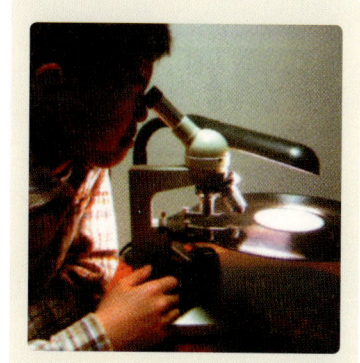

▲ 레코드 관찰법

레코드

레코드를 재물대에 조심스럽게 고정시키고, 낙사조명을 이용해서 관찰하면 돼. 레코드나 콤팩트디스크를 재물대에 고정시킬 때는 표면에 흠집이 안 생기도록 아주 조심해야 하는 것을 잊지 말길.

레코드는 소리 골이 금방 보일 거야. 뱀처럼 구불구불한 V자 홈을 따라 바늘이 지나가며 흔들리는 진동을 증폭시켜 소리를 낸다니, 참 신기하지?

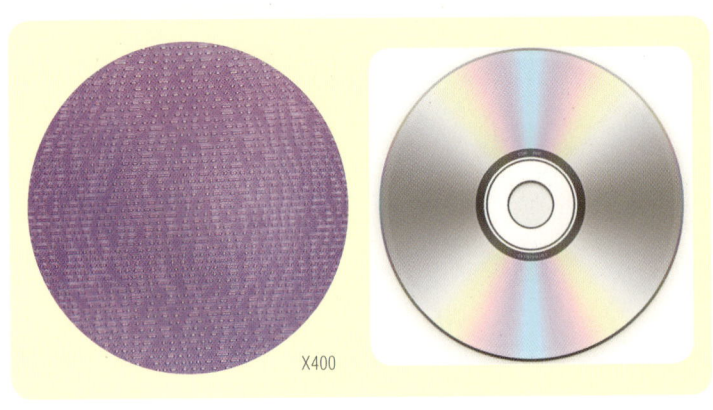

콤팩트디스크

콤팩트디스크는 낙사 조명을 써서 400배로 확대해서 봤어. 보면 아주 미세하게 움푹 파인 점들을 발견할 수 있을 거야. 이렇게 미세한 점들에 레이저를 쏘아서 디지털 신호를 읽어 들인다는 것이 믿기지가 않아. 앞으로 인류의 기술은 어디까지 발전할 수 있을까? 참 대단하지?

코르크

친구들, '코르크' 하면 생각나는 거 없어? 맞아. 코르크에 의해서 최초로 세포가 발견되었어. 영국의 과학자 로버트 훅이 자신이 직접 제작한 현미경으로 코르크를 관찰하면서 벌집 모양의 세포를 발견하게 된 거야. 이 사건을 계기로 현미경과 생물학이 눈부시게 발전하게 되었지. 어때? 이렇게 뜻깊은 것을 현미경을 관찰하는 우리가 관찰 안 할 수가 없지. 로버트 훅이 코르크에서 세포를 발견했을 때 얼마나 가슴이 벅찼을까? 우리도 그 광경을 생각하며 한번쯤 로버트 훅이 되어 보는 것은 어떨까?

코르크 관찰은 참 쉬워. 적당한 코르크만 구하면 돼. 주로 아버지께서 마시는 포도주 병마개로 쓰이니까. 아버지께서 포도주를 드실 때 조금만 떼어 오면 돼. 나는 코르크로 된 메모지 꽂는 판에서 조금 떼어 냈어. 이 코르크 조각을 슬라이드 글라스에 올려놓고 그대로 낙사 조명으로 보면 돼. 아니면 예리한 면도칼로 박편을

코르크

만들어서 나뭇잎 표피세포 관찰하듯이 정식으로 프레파라트를 만들어서 봐도 되고. 나는 낙사 조명으로 관찰했어.

나무가 죽어서 세포벽만 남고 세포질은 모두 없어진 걸 코르크라고 해. 어때? 로버트 훅이 발견했던 것과 같은 벌집 모양의 빈 방이 잘 보이지?

친구들아, 우리 주변을 잘 둘러보자. 아직도 수많은 비밀을 꼭꼭 숨기고 있는 식물, 동물, 물건이 엄청 많아. 우리가 앞으로 그 비밀의 커튼을 하나씩 벗겨 보는 것은 어때? 로버트 훅의 코르크 세포 관찰이 생물학 발전에 크게 이바지 했듯이, 우리도 항상 호기심을 가지고 사물을 관찰하다 보면 위대한 발견을 할지 누가 알겠어?

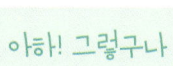 아하! 그렇구나

섬유 기술이 가져다 준 변화

옛날에는 동물이나 식물 등 자연 원료에서 섬유를 얻는 것이 쉽지 않았습니다. 그래서 늘 옷감이 부족했습니다. 누에고치에서 실을 뽑아내 만든 비단이나 양털로 만든 모직 같은 옷감은 비싸서 부자들만 입을 수 있었고요.

우리가 오늘날처럼 풍족하게 옷감을 쓰게 된 것은 1935년에 나일론이라는 세계 최초의 화학 섬유가 발명되고 나서의 일입니다. 나일론은 석유에서 뽑아낸 질긴 섬유로, 기존의 섬유보다 훨씬 강하고 탄력이 좋았습니다. 무엇보다 대량 생산이 가능했습니다. 나일론은 1940년 여성용 스타킹으로 큰 인기를 끌었고, 이후 양말, 셔츠, 블라우스 등으로 상품화되며 의생활 전반에 커다란 변화를 가져왔습니다. 그래서 나일론의 발명을 '소재의 혁명'이라고 부르기도 합니다.

화학 섬유는 계속 발전해 지금은 다양한 형태의 화학 섬유가 우리 생활 속에서 사용되고 있습니다. 탄소 섬유는 용도에 따라 머리카락 굵기보다 5분의 1에서 10분의 1정도까지 가늘면서 강철보다 수십 배에서 1,000배까지 강하게 만들어집니다. 이와 같은 고성능 섬유는 옷감뿐만 아니라 비행기를 만들 때도 쓰인답니다.

그러나 자연에서 얻어지는 섬유를 만만하게 봐서는 안 됩니다. 거미줄은 자연에서 제일 강한 물질입니다. 여기서 강하다는 말은 힘에 견디는 정도를 말합니다. 거미줄은 두께가 아주 가늘지만 그 강도는 강철의 다섯 배 정도로, 1밀리미터 정도의 굵기면 어른 다섯 명을 들어 올릴 수 있을 정도라고 합니다. 이러한 성질 때문에 거미줄을 방탄복과 낙하산, 인공 힘줄과 인공 인대 등에 이용하려는 연구가 진행되고 있습니다. 또한 인공 거미줄을 대량 생산 할 수 있는 연구도 진행 중입니다.

1930년대 나일론으로 여성용 스타킹을 대량 생산하는 모습

어른이 된 규환이가 어린이 친구들에게
— 발견의 기쁨과 기록의 뿌듯함

친구들, 현미경 여행 재미있었어? 이 책은 내가 초등학교 6학년 때 썼던 글을 다시 손봐서 재출간하는 책이야. 나는 초등학생 이후에도 계속 현미경 관찰을 했어. 대학생이 된 지금도 변함없이 현미경 관찰을 하고 있지. 그러니까 만 15년이 넘도록 꾸준히 현미경 관찰을 해 온 셈이야. 처음 책을 낸 이후에도 관찰 기록은 계속됐지. 달라졌다면 연필로 그리던 것을 이제는 디지털 사진으로 찍어 블로그에 공개하고 있어.

블로그 주소는 http://blog.naver.com/kyuhwan21이야. 한 번 들어가 보길 바라. 이 블로그는 내 보물과 같은 곳이야. 어릴 적부터 지금까지 내 지식의 성장 과정이 그대로 들어 있거든. 블로그를 보면 알겠지만, 어릴 때 단순한 관찰 지식을 나열하는 수준에서 시작해 해를 거듭할수록 지식의 깊이가 더욱 깊어지는 것을 확연히 느낄 수 있어.

현미경 관찰을 통해 결과를 기록하고 결과에 대해 곰곰이 생각해 보고 자료를 찾아 무언가를 새로 알게 됐을 때 그 기쁨은 참 값진 것이라고 생각해. 15년 동안 현미경 관찰을 해 오면서 가장 잊을 수 없는 순간을 꼽는다면, 바로 눈의 결정 관찰에 성공했을 때야. 나는 초등학교 때부터 눈의 결정을 관찰하고 싶었어. 그래서 수많은 방법을 시도해 봤지. 하지만 번번이 실패하고 말았어. 집 안으로 눈을 가지고 들어오면 바로 녹아버려서 관찰을 할 수 없었어. 관찰 방법을 찾아 수많은 자료를 뒤졌지만, 엄청나게 비싼 장비를 사용하는 방법 말고는 없었어. 그래도 나는 포기하지 않고 계속해서 생각하고 또 생각했어. 그러다가 중학교 1학년 겨울, 관찰을 시도한 지 3년 만에 드디어 성공했어! 내가 고안해 낸 방법으로 성공했을 땐 정말 너무나도 기뻤지. 너무 감격스러웠어. 하하.

친구들에게도 눈 결정 관찰 방법을 소개하려고 해. 관찰 방법은 의외로 너무 간단해. 얼음에 소금을 뿌리면 표면 온도가 내려가는 원리를 응용했어. 우선 배양 접시에 물을 3분의 2 정도 담아 냉장고 냉동실에서 꽁꽁 얼려. 그런 다음 고운 소금을 얼음 위에 골고루 뿌려. 그리고 쿠킹랩을 소금에 밀착시켜 씌워 주면 준비는 끝이야. 너무 간단하지? 이렇게 하면 얼음 위의 표면 온도가 약 영하 10도 정도로 유지가 돼. 여기에 눈을 조금만 받아서 현미경의 재물대에 놓고 관찰하면 돼. 관찰은 낙사조명도 좋고 투과조명도 괜찮아. 낙사조명으로 관찰하면 하얗고 투명한 눈의 모습을 관찰할 수 있고, 투과조명으로 관찰하면, 검은색 윤곽의 눈의 모습을 볼 수 있어. 나는 이 관찰 방법에 '규환냉각관찰법'이라는 이름을 붙였어. 내가 발견했으니 내 이름을 붙여도 되겠지? 눈을 관찰하고 싶은 수많은 친구들이 이 방법을 사용한다고 생각하면 너무 뿌듯해. 이 방법이 간단하긴 하지만 그 원리는 조금 어려워. 그래도 원리와 개발 과정 등이 궁금한 친구들은 내 블로그를 방문해서 읽으면 도움이 될 거야.
http://blog.naver.com/kyuhwan21/80206573811

• 규환냉각관찰법

① 배양 접시에 물을 2/3가량 담아 얼린다.   ② 얼음 위에 고운 소금을 뿌려 준다.   ③ 쿠킹랩을 소금에 밀착시켜 씌운다.   ④ 이렇게 만든 배양 접시에 눈을 받아 현미경으로 관찰한다.

다양한 눈 결정

이렇게 해서 눈이 올 때마다 관찰했는데 눈의 모양이 생각과는 달리 너무나도 다양해서 정말 놀랐어. 기둥 모양의 눈도 있고, 실패 모양의 눈도 있고, 바늘 모양의 눈도 있고, U.F.O. 모양의 눈도 있었어. 눈의 모양이 이렇게 다양하다니 놀랍지 않아? 그래서 이번엔 왜 다른지 그 이유가 궁금해지지 뭐야? 책과 자료를 또 뒤지기 시작했지. 시간이 좀 오래 걸리긴 했지만 이번에도 그 이유를 알아냈어. 눈을 전문으로 연구하는 과학자들이 이유를 밝혀냈더라고.

이유는 눈이 내릴 때, 기압과 습도, 대기의 온도, 눈 결정이 만들어지는 높이의 변화에 따라 다양한 눈 결정이 생기는 거였어. 정말 대단하지?

이 책은 단순히 지식을 전달하는 책이 아니고, 어린 시절 내가 꾸준한 관찰과 기록을 통해 과학적 사고방식을 습득해 가는 작은 여정을 소개하는 책이야. 과학적 사고방식이란 체계적인 지식을 활용해 논리적인 추론과 합리적인 방식으로 문제를 해결하는 과정을 말해. 현미경 관찰 자체도 중요하지만 현미경 관찰을 통해 과학적 사고방식을 기르는 것이 더 중요해.

현미경 관찰을 꾸준히 하면서 기록하는 습관을 들이면, 자연스럽게 궁금한 원리를 찾아 공부하게 되고 깊이 생각하게 되는 것 같아. 그렇게 궁리하고 공부하다 보면, 또 새롭게 궁금해지는 것이 생기고, 그러면 그 궁금한 것을 찾아 또 새로운 관찰을 하게 되고. 이런 식으로 반복하다 보면 나도 모르는 사이에 과학적 사고방식에 익숙해지는 것을 느끼게 돼. 단순한 과학 지식 하나를 암기하는 것보다 이렇게 스스로 궁리하고 생각하여 만들어진 과학적 사고방식이 굉장히 중요하고 유용하다는 것을 대학생이 되어서 깨달았어. 창의적인 아이디어를 만들어 가는 데에 꼭 필요한 밑거름이 바로 과학적 사고방식이거든.

이 책을 읽은 모든 친구들이 늘 왕성한 호기심을 가득 탑재하고 꾸준히 관찰해서 새로운 것을 스스로 발견하고 기록을 쌓아가는 기쁨을 느껴 보길 바라. 그런 기쁨이 쌓이고 쌓여 나날이 과학적 사고가 폭풍 성장하는 친구들이 반드시 되리라고 믿어.

현미경 관찰 가이드
─ 현미경 관찰의 기초 상식

필요한 도구

현미경 관찰을 할 때는 여러 가지 도구가 필요해.

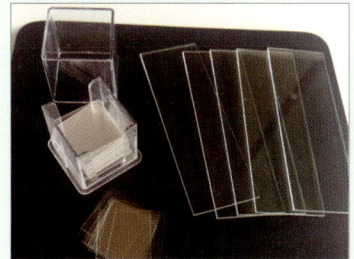
● 슬라이드 글라스와 커버 글라스

● 비커와 스포이트

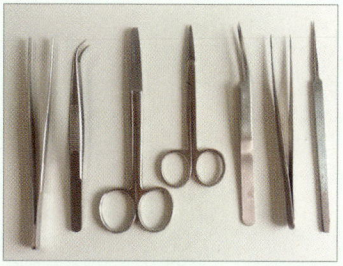
● 해부기 세트: 해부용 가위, 해부용 침, 해부용 칼, 핀셋 등

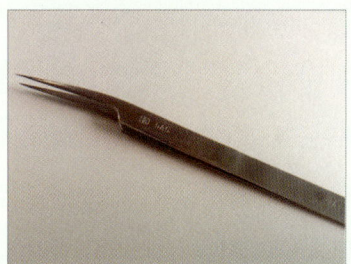
● 끝이 예리한 핀셋

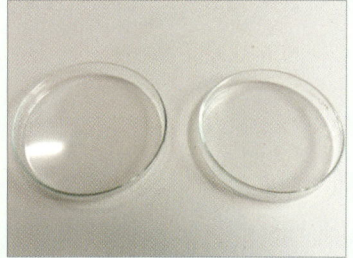
● 배양 접시

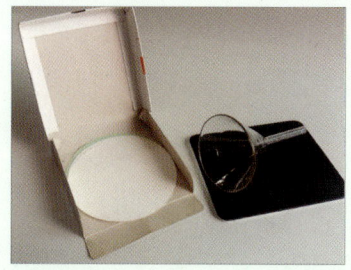
● 깔때기와 여과지

● 염색액: 메틸렌블루와 아세트산카민을 기본적으로 구비한다. 염색액은 사진과 같이 작은 스포이트 병에 담아서 보관하는 것이 사용하기에 편리하다.

● 각종 약병: 약국에서 약을 조제할 때 주는 것을 모아 두면 각종 재료의 채집 및 보관, 그리고 시약의 보관 등에 편리하게 이용할 수 있다.

프레파라트 만드는 법

현미경으로 관찰을 하기 위해서는 관찰 재료를 빛이 투과할 수 있을 정도로 얇게 만들어 주어야 해. 그렇게 만든 특별한 표본을 '프레파라트'라고 하지. 프레파라트 만들기는 현미경 관찰의 기본이라고 할 수 있어.

1. 우선 빛이 투과할 수 있을 만큼 얇은 관찰 재료를 준비한다. 두꺼운 재료는 손으로 찢거나 칼로 잘라 아주 얇은 박편으로 만든다. 이 과정은 본문에 관찰 항목별로 자세히 다룬다.
2. 슬라이드 글라스 위에 준비한 재료를 올려놓는다. 가급적 재료를 슬라이드 글라스의 중앙 부분에 놓는다.
3. 재료에 주름진 부분 또는 접힌 부분이 있다면 해부용 침 등을 이용하여 조심스럽게 재료를 편다.
4. 스포이트로 재료 위에 물을 한 방울 떨어뜨린다. 이를 '물로 봉한다.'고 한다. 때로는 재료에 따라 기름이나 다른 액체로 봉하기도 한다.
5. 끝이 뾰족한 핀셋으로 커버 글라스 한 장을 재료 위에 덮는다. 이때 커버 글라스 안에 물방울이 생기지 않도록 커버 글라스의 한쪽 끝부터 천천히 내려놓는다.
6. 끝이 뾰족한 핀셋으로 커버 글라스를 가볍게 톡톡 두드려 커버 글라스 밖으로 밀려 나오는 물은 거름종이로 재빨리 빨아들인다. 커버 글라스 밑에 물이 너무 많으면 재료가 평평하게 펴지지 않아 관찰할 때 초점이 안 맞을 수도 있다. 반대로 커버 글라스 밑에 물이 너무 적으면 기포가 생기기 쉽다. 그러므로 적당량의 물을 유지시키는 것이 좋다.
7. 필요에 따라 염색을 한다. 염색하는 자세한 방법은 관찰 항목별로 본문에서 다룬다.
8. 완성된 프레파라트를 장시간 물이 마르지 않도록 유지하려면 커버 글라스 둘레에 빈틈없

이 매니큐어를 발라 밀봉한다.

※ 관찰이 끝난 프레파라트는 슬라이드 글라스와 커버 글라스를 분리해 깨끗이 씻어 재사용한다.

현미경 조작법

현미경에 있는 장치를 조작해 관찰 재료를 잘 볼 수 있는 상을 찾는 것도 기술이야. 처음엔 서툴러도 많이 하다보면 익숙해져서 잘 하게 될 거야.

1. 현미경을 평탄하고 튼튼한 곳에 놓는다.
2. 경통 끝에 원하는 배율의 접안렌즈를 끼운다.
3. 조동나사를 돌려 재물대를 내린다.
4. 재물대 위에 프레파라트를 올려놓고 클립으로 고정시킨다.
5. 회전판을 돌려 원하는 배율의 대물렌즈를 프레파라트 쪽으로 향하게 한다. 처음에는 저배율부터 관찰을 시작하여 고배율로 옮겨 가며 관찰한다. 관찰 배율은 접안렌즈의 배율과 대물렌즈의 배율을 곱해서 산정할 수 있다.
6. 광원 스위치를 켠다. 광원의 볼륨을 돌려 빛의 양을 적당하게 조절한다. 저배율에서는 렌즈가 밝아 눈이 피로하므로 빛의 양을 줄여 주고, 고배율에서는 렌즈가 어두워 상이 잘 안 보이므로 빛의 양을 늘린다.
7. 접안렌즈를 들여다보면서, 상이 희미하게 맺힐 때까지 조동나사를 돌려 재물대를 천천히 올린다.

8 상이 희미하게 보이면 조동나사를 멈추고 미동나사를 돌리면서 상이 뚜렷하게 보이도록 초점을 맞춘다. 조리개를 조절하여 적절한 명암대비를 찾는다.

9 초점이 맞았으면 프레파라트의 위치를 조금씩 움직이며 관찰한다. 현미경의 상은 좌우가 반대로 보이므로 프레파라트를 반대 방향으로 움직여야 한다.

10 저배율 관찰이 끝나면 회전판을 돌려 고배율 대물렌즈로 관찰한다. 900배 이상의 고배율로 관찰할 때는 프레파라트와 대물렌즈 사이에 유액을 떨어뜨려 관찰해야 선명한 상을 얻을 수 있다. 주로 커버 글라스 위에 떨어뜨려 유막이 커버 글라스와 대물렌즈 사이의 공간을 채우도록 한다.

11 관찰이 끝났으면 렌즈가 오염되지 않았는지 점검하고 보호 커버를 씌우고 상자에 넣어 보관한다. 렌즈가 오염되었을 경우, 반드시 전용 렌즈 클리너를 사용하여 닦아 둔다.

현미경을 다룰 때 주의사항

현미경은 예민한 기계야. 현미경을 사용하지 않을 때도 잘 보관해야 해. 그래야 오래 사용할 수 있어. 마무리까지 잘 할 수 있지?

- 현미경을 사용하지 않거나 보관할 때는 길이가 짧은 저배율의 대물렌즈로 맞춰 놓는다.
- 현미경 상자 안에는 건조제나 방습제를 넣어 둔다.
- 여러 가지 시약, 특히 산성 시약은 현미경을 녹슬게 하므로 곁에 놓아두지 말아야 한다.
- 경통 속으로 먼지가 들어가면 절대 안 되므로 접안렌즈를 경통에서 뺀 상태로 현미경을 방치하면 안 된다.

- 렌즈의 청소는, 브로어를 이용하여 먼지를 떨어 낸 후, 렌즈 페이퍼에 렌즈 클리너 액을 묻혀 살살 닦아 낸다. 절대로 다른 종이나 거친 소재로 닦으면 안 된다.

현미경으로 좋은 관찰을 하기 위한 조건

1. 해상도가 좋은 렌즈

현미경으로 좋은 관찰 결과를 얻기 위해서는 배율이 높은 렌즈보다도 해상도가 높은 렌즈를 갖춘 현미경을 준비해야 한다. 해상도란 상의 미세한 부분을 식별할 수 있는 정도를 말한다. 아무리 렌즈의 배율이 높아도 해상도가 낮다면 관찰의 의미가 없다. 같은 배율로 관찰한 결과지만, 해상도가 낮은 렌즈로 관찰한 것은 해상도가 높은 렌즈로 관찰한 것에 비해 내용물 확인이 어려울 정도로 관찰의 질이 떨어진다.

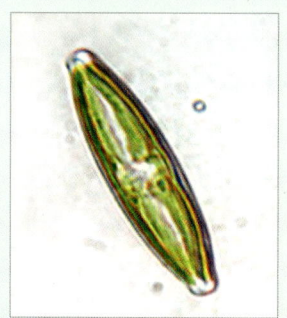
해상도가 낮은 현미경

해상도가 높은 현미경

2. 광원과 집광 장치

현미경의 대물렌즈는 매우 작다. 특히 고배율 렌즈일수록 렌즈의 직경은 1~3밀리미터 정도의 수준까지 작아지며, 두께는 더욱 두꺼워진다. 렌즈가 작고 두껍다는 것은 빛이 많이 투과할 수 없다는 의미다. 그래서 고배율로 관찰을 하면 상이 매우 어두워 보인다. 상이 어두우면 해상도도 떨어진다. 따라서 광원이 충분히 밝고 빛을 한 점으로 모아 주는 집광 장치(콘덴서)의 성능이 좋아야 관찰 재료를 고배율에서도 좋은 해상도로 관찰할 수 있다.

900배 이상의 고배율로 관찰할 때는 프레파라트와 대물렌즈 사이에 유액(에멀전 오일)을 떨어뜨려 관찰하는 것이 좋다. 유액은 프레파라트를 통과한 빛이 대물렌즈 밖으로 새어 나가지 않고 대물렌즈 안으로 더욱 많이 들어가도록 하는 역할을 한다.

조리개로는 명암 대비와 초점 심도를 조절할 수 있다. 조리개를 조여 조리개 구멍의 크기를 작게 만들수록 명암 대비가 높아지며 초점 심도가 깊어진다. 관찰하려는 시료에 따라 적절한 명암 대비를 찾는 것이 중요하다. 특히 관찰 시료가 투명하여 배경과 잘 구별이 안되는 경우는 조리개를 조여서 명암 대비를 높여줘야 관찰이 가능하다. 즉, 관찰 시료마다 투명도가 다르고 광학적 성질이 다르므로, 조리개를 조절하여 가장 좋은 명암 대비와 초점 심도를 찾아야 좋은 상을 얻을 수 있다.

3. 현미경 각 부분의 정밀한 조정

현미경은 미세한 것을 확대하여 관찰하는 장치이기 때문에 미세한 동작도 관찰에 큰 영향을 미친다. 프레파라트를 조금 움직였을 뿐인데 관찰 대상이 시야에서 순식간에 벗어나기도 한다. 그러므로 모든 장치의 움직임이 섬세하고 부드럽게 작동되어야 한다. 특히 상을 찾을 때는 조동나사와 미동나사의 조작이 세밀하고 부드러워야 한다.

4. 관찰의 기록

현미경 관찰 기록을 남기는 것은 매우 중요하다. 기록이 있어야 자료를 찾아보고, 비교, 검토, 고찰하며 과학적 사고를 할 수 있기 때문이다. 객관적이고 사실적인 관찰 결과를 남기기 위해서는 사진을 찍고 손으로 그림을 그려 관찰 내용과 함께 기록해 두면 좋다.

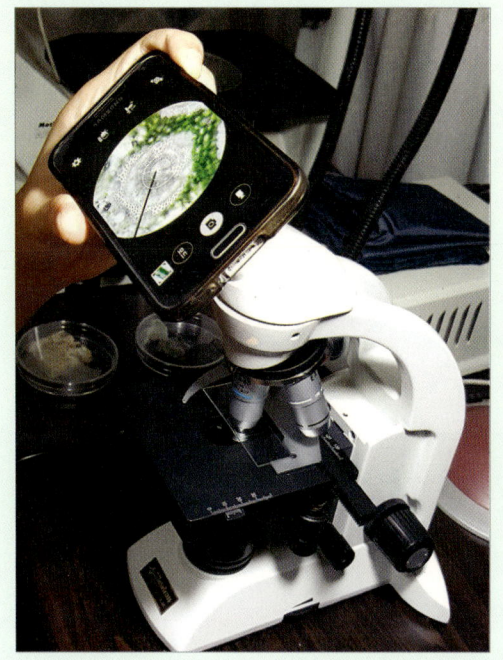

사진은 전문적인 디지털 촬영 장치와 분석 장비로 찍으면 좋겠지만, 휴대전화의 카메라를 이용할 수도 있다. 휴대전화 카메라의 렌즈를 접안렌즈에 약 1센티미터 정도 떨어뜨린 후, 휴대전화의 화면을 보면서 접안렌즈와 카메라 렌즈가 일직선의 축에 정렬되도록 위치를 잡고, 위아래로 움직여 가장 잘 보이는 화각을 얻었을 때 초점을 맞추어 촬영하면 된다.

휴대전화 말고도 접안렌즈의 구경보다 작은 렌즈의 카메라라면 거의 대부분의 카메라가 가능하다. 열심히 연습해 보고 실행해 보자.

아들과의 약속
―과학자를 꿈꾸는 자녀를 둔 부모님에게

우리 가족 모두가 일본에서 생활할 때였다. 당시 초등학교 1학년이었던 아들 규환이를 데리고 백화점에 갔는데, 문득 규환이가 세뱃돈 받은 것으로 현미경을 사고 싶다고 했다. 아이가 손으로 가리키는 물건을 보니, 플라스틱으로 엉성하게 만들어진 현미경 관찰 세트였다.

순간 머릿속에 나의 유년 시절이 주마등처럼 스쳐 지나갔다. 나도 어렸을 때 현미경이 갖고 싶어 용돈을 모아 싸구려 현미경을 샀던 적이 있다. 그러나 현미경 관찰은 오래가지 못했다. 형편없는 현미경 성능은 어린 탐구심과 기대를 무참히 깨뜨려 버렸던 것이다.

"규환아, 정 현미경이 갖고 싶다면 6개월만 참아라. 여름방학 때 한국에 가서 제대로 된 현미경을 사 주마."

나와 같이 어린 도전 정신에 상처를 입게 하고 싶지 않아 잠깐의 시간을 두었다. 그리고 정확히 6개월 뒤, 서울 종로에서 30만 원을 주고 그럴듯한 현미경을 하나 사 주었다. 이렇게 규환이는 현미경 관찰의 장정에 들어섰다. 처음 본 마이크로의 세계는 어린 아들의 마음을 사로잡기에 충분했다.

현미경은 규환이에게 자연에 대한 호기심의 문을 활짝 열어 주었다. 사물에 능동적으로 접근하고 관찰할 수 있는 동기와 계기를 제공했던 것이다. 규환이는 주위의 모든 사물을 이전과 다른 관심과 탐구심으로 대하기 시작했고 나는 적극적으로 후원해 주었다.

규환이와 같이 산책을 하다가 담벼락에 다닥다닥 붙은 담쟁이 넝쿨을 발견하면 이심전심으로 서로의 얼굴을 바라본다. 규환이와 나의 머릿속에 '현미경'이라는 단어가 동시에 떠오른 것이다. 그러면 지체 없이 가서 잎을 따서 찢어 보고 비틀어 보고……. 늘 이런 식이었다.

귀국 후에도 규환이의 왕성한 호기심은 계속되었다. 틈만 나면 문산에 있는 할아버지 농장에 가서 연못물을 헤집고, 꽃과 나뭇잎 따기를 수십 차례. 이제는 규환이가 생물에 대해 나보다 더 많이 알고 있는 것 같다.

나는 아들에게 체계적인 과학적 사고방식을 길러주기 위해서 현미경 관찰 일지를 쓰게 했다. 현미경 관찰을 시작한 지 2년 쯤 지난 어느 날, 규환이의 관찰 일지를 살펴보았다. 어느새 50장이 넘는 분량이 아닌가. 그동안 호기심을 좇아 노력하고 고군분투한 내용이 그 속에 고스란히 들어 있었다. 혼자만 보기에는 아깝다는 생각이 들었다. 그래서 넌지시 물었다.

"규환아, 조금 더 노력해서 이걸 책으로 펴내면 어떨까? 많은 친구에게 도움이 될 것 같은데……."

규환이는 상당히 어리둥절해 했다. 책이라는 것은 유명하고 실력 있는 사람들만 쓰는 줄 알았는데, 어떻게 초등학생인 자기가 책을 쓸 수 있느냐는 것이다. 나는 누구나 꾸준히 노력한다면 충분히 해 낼 수 있는 일이라고 설명했다. 그러자 아들 녀석의 눈이 반짝반짝 빛나기 시작했다. 한번 도전해 보고 싶다는 것이다. 나는 그날, 규환이와 약속했다. 관찰 일지가 150장이 넘으면 반드시 책을 펴내 주겠다고.

이후 규환이는 더욱 더 열심히 관찰을 했고, 관찰 일지도 컴퓨터로 따로 정리하는 등 대단한 관심을 보이기 시작했다. 아들 녀석의 관찰 일지도 쌓여 200여 장에 달한다. 그림도 2학년 때는 몹시 서툴렀는데 이제는 제법 잘 그린다. 드디어 내가 약속을 지킬 차례가 온 것이다.

문제는 책을 만드는 데에 부모가 어느 선까지 관여하느냐 하는 것이었다. 괜찮은 책을 펴내기 위해선 내가 상당 부분을 써야 할 텐데, 그러나 그렇게 하면 규환이의 책이 아니다. 그렇게는 하고 싶지 않았다. 책을 냈다는 가시적 성과보다도 자신의 프로젝트를 한 단계씩 스스로 헤쳐 나가는 것, 이것이 규환이에게 더욱 중요하고 소중한 가치라고 생각했다. 그래서 책의 차례만 잡아 주고 스스로 글을 쓰도록 했다. 큰 기대는 하지 않았다. 내용이 정 아니다 싶으면 50부 정도만 복사해서 주변 친구들에게 나눠줄 요량이었다.

그러나 녀석의 열의는 대단했다. 방과 후 매일 2~3시간씩 참고 서적을 뒤져 가며 약 한 달을 글 쓰는 일에 매진했다. 어느덧 탈고를 했고, 그 내용을 읽어 본 나는 놀라지 않을 수 없었다. 상당히 전문적인 내용이어서 문맥상 약간의 부자연스러움 등만 고치면 거의 그대로 써도 될 것 같았다.

이것으로 끝이 아니었다. 관찰 초기에는 현미경에 보이는 상을 사진으로 찍을 수 없는 줄 알았다. 나중에야 디지털 카메라로 촬영이 가능하다는 것을 우연히 알게 되었다. 그래서 이전의 관찰 분은 그림만 있고 사진은 없었다. 처음엔 사진 없이 책을 만들려고 기획했는데, 규환이가 쓴 원고를 보니 슬며시 좀 더 나은 책을 만들고 싶다는 욕심이 생겼다. 그래서 아들을 독려하여 그동안 관찰했던 것들을 다시 복기하며 사진 찍기를 또 한 달여간 했다.

이렇게 해서 태어난 책이 바로 이 책이다. 나는 비로소 아들과의 3년 전 약속을 지키게 되어 기쁘기 한량없다. 그러나 이 기쁨의 주인공은 결코 내가 아니다. 사물에 대한 호기심을 불사르며, 한결같은 자세로 제 스스로의 길을 걸어간 아들 규환이의 몫이다. 아들의 노고에 한없는 고마움과 격려의 박수를 보낸다.

규환이의 현미경 관찰은 단순한 관찰로 끝나지 않았다. 규환이는 현미경을 통해서 보다 넓고 깊이 사고하는 법을 배웠으며, 호기심의 날개를 활짝 펴 보다 큰 세상을 보았음을 확신한다.

이 책은 한 초등학생이 현미경 관찰을 통해 보고 느낀 '작지만 큰 세상'에 대하여 친구들과 함께 나누고 싶은 진솔한 마음과 그 노력을 담은 소박한 책이다. 모쪼록 이 책이 다른 어린이들을 보다 넓은 탐구의 세계로 안내하는 길잡이가 되었으면 하는 바람이다.

2006년, 규환이 아버지 김영민

알아둘 것

※ 이 책에 수록된 모든 관찰 그림과 현미경 사진의 저작권은 저자에게 있습니다.
※ 이 책에 수록된 일부 현미경 사진은 더 좋은 현미경 사진을 제공하기 위해 초판과 다른 것으로 교체, 일부는 새로 찍은 것으로 추가되었습니다.

— 교체된 현미경 사진

19쪽_저배율로 관찰한 양파 표피세포/ 47쪽_상추 잎의 뒷면 표피세포(왼쪽)와 잎맥 세포(가운데)/ 50쪽_배춧잎의 뒷면 표피세포와 잎맥 세포, 케일의 뒷면 표피세포와 잎맥 부분 표피세포, 파의 뒷면 표피세포와 잎맥 부분 표피세포/ 54쪽_대추나무 잎의 앞면 표피세포, 목련 잎의 앞면 표피세포, 회양나무 잎의 앞면 표피세포/ 57쪽_쥐똥나무 잎의 앞면(윗줄)과 뒷면(아랫줄)의 표피세포/ 61쪽_동백나무 잎의 단면/ 70쪽_옥수수의 줄기 단면/ 72쪽_노송나무 재목의 단면/ 83쪽_사과의 과육 세포/ 90쪽_식빵에 배양한 곰팡이의 변화 과정/ 92쪽_거미줄 곰팡이/ 94쪽_뱀밥에서 만들어지는 포자/ 104쪽_소의 근육세포/ 104쪽_소의 근육세포/ 113쪽_잠자리의 날개/ 119쪽_구피의 꼬리지느러미/ 133쪽_볼복스/ 138쪽_여러 가지 규조류/ 146쪽_윤충류/ 148쪽_물벼룩 유충(왼쪽)과 등쪽에 알이 있는 성체 물벼룩(가운데, 오른쪽)/ 149쪽_요각류/ 150쪽_깔따구의 유충, 여러 가지 물속 미생물/ 156쪽_소금 결정, 백반 결정, 설탕 결정, 글루탐산나트륨 결정/ 160쪽_명주실, 면/ 161쪽_비단(왼쪽)과 무명천(오른쪽)/ 162쪽_나일론/ 163쪽_복사 용지(왼쪽)와 신문지(오른쪽)/ 163쪽_한지(왼쪽)와 화장지(오른쪽)/ 164쪽_종이에 인쇄된 컬러 사진/ 166쪽_레코드, 콤팩트디스크, 코르크

— 추가된 현미경 사진

41쪽_장미 꽃잎/ 69쪽_돼지풀의 줄기 단면/ 103쪽_사슴의 혈액(왼쪽)과 개구리의 혈액(오른쪽)/ 107쪽_돼지의 지방세포/ 112쪽_호랑나비의 날개 비늘/ 115쪽_잠자리의 겹눈/ 116쪽_진딧물의 입/ 121쪽_ 블루구라미의 비늘. 몸속에 박혀 있는 부분(왼쪽)과 끝 부분(가운데)/ 143쪽_유글레나/ 144쪽_짚신벌레

— 기타 사진 저작권

25쪽_로버트 훅이 그린 코르크 세포: ⓒ By Wellcome Library, London/ 95쪽_흑사병: ⓒ BY Wellcome Library, London/ 〈1348년 피렌체의 흑사병(The plague of Florence in 1348)〉, 이탈리아 소설가 조반니 보카치오의 단편소설집 《《데카메론(Decameron)》》에 실린 그림./ 86쪽_김: ⓒ BY SA david&alina at Flickr/ 88쪽_미역: ⓒ BY SA 정동완/ 그 외 사진은 ⓒ셔터스톡

작지만 큰 세상

지은이 | 김규환

초판 1쇄 발행일 2017년 11월 13일

발행인 | 김학원
편집주간 | 김민기 황서현
기획 | 문성환 박상경 임은선 김보희 최윤영 전두현 최인영 이보람 김진주 정민애 이효온
디자인 | 김태형 유주현 구현석 박인규 한예슬
마케팅 | 이한주 김창규 김한밀 윤민영 김규빈
저자·독자서비스 | 조다영 윤경희 이현주(humanist@humanistbooks.com)
용지 | 화인페이퍼
인쇄 | 청아문화사
제본 | 정민문화사

발행처 | (주) 휴머니스트 출판그룹
출판등록 | 제313-2007-000007호(2007년 1월 5일)
주소 | (03991) 서울시 마포구 동교로 23길 76(연남동)
전화 | 02-335-4422 팩스 | 02-334-3427
홈페이지 | www.humanistbooks.com

ⓒ 김규환, 2017

ISBN 979-11-6080-090-6 73470

* 이 도서의 국립중앙도서관 출판시도서목록(CIP)은 서지정보유통지원시스템 홈페이지(http://seoji.nl.go.kr)와
  국가자료공동목록시스템(http://www.nl.go.kr/kolisnet)에서 이용하실 수 있습니다.(CIP제어번호: CIP2017027317)

만든 사람들

편집주간 | 황서현
기획 | 조은화 임은선(yes2001@humanistbooks.com)
디자인 | 민진기디자인
일러스트 | 김윤미

* 이 책은 저작권법에 따라 보호받는 저작물이므로 무단전재와 무단복제를 금합니다.
* 이 책의 전부 또는 일부를 이용하려면 반드시 저자와 ㈜ 휴머니스트 출판그룹의 동의를 받아야 합니다.